ANN-RIKA MARTIN

Gastronomie & Fromage

Catalogage avant publication de Bibliothèque et Archives nationales du Québec et Bibliothèque et Archives Canada

Martin, Ann-Rika, 1989-
    Gastronomie & fromages
    (Collection Cuisin'Art)
    ISBN : 978-2-89696-043-9
    1. Cuisine (Fromage). 2. Fromage fermier - Québec (Province). 3. Livres de cuisine.
TX759.5.C48M37   2013 641.6'73   C2013-942094-0
    I. Titre. II. Titre : Gastronomie et fromages. III. Collection : Collection Cuisin'Art.

Infographie : Annie Duperré
Correction d'épreuves : Anne-Marie Quesnel
Crédit photo : Ann-Rika Martin, René Bouchard (page 28, 80, 94), Stéphanie Huard et Laurent Proulx de Hazart Studio-Photo (page 30, 83 96, 108)
Photo de la couverture : Stéphanie Huard et Laurent Proulx de Hazart Studio-Photo

Dépôt légal : 4e trimestre 2013
    Bibliothèque nationale du Québec
    Bibliothèque nationale du Canada

ISBN : 978-2-89696-043-9

Imprimé au Canada par Friesens

Les Éditions du Sommet inc.
Siège social et entrepôt
Complexe Lebourgneuf, bureau 125
825, boul. Lebourgneuf
Québec (Québec)
G2J 0B9 Canada
Téléphone : 418 845-4045
Télécopieur : 418 845-1933

Bureau d'affaires
407-D, rue Principale
St-Sauveur-des-Monts (Québec)
J0R 1R4 Canada
Téléphone : 450 227-8668
Télécopieur : 450 227-4240
Courriel : info@dusommet.com
www.dusommet.com

Nous reconnaissons l'aide financière du gouvernement du Canada par l'entremise du Fonds du livre du Canada (FLC) pour nos activités d'édition.

Nous remercions la Société de développement des entreprises culturelles du Québec (SODEC) pour son appui à notre programme de publication.

Limites de responsabilité

ANN-RIKA MARTIN

Gastronomie & Fromage

TABLE DES MATIÈRES

À L'APÉRO

LES ENTRÉES

LES PLATS PRINCIPAUX

LES DESSERTS

LES INDISPENSABLES

PRÉFACE

Selon nous, il existe deux types de livres de recettes. Ceux que l'on consulte de façon pratique et sans émotion, en suivant la marche à suivre, et ceux que l'on déguste avec les yeux, qui sont remplis de saveurs et de découvertes, dans lesquels on peut savourer la passion du chef à travers chaque page, chaque recette.

Ann-Rika s'est fait un devoir de démontrer la qualité et le raffinement des fromages du Québec tout en vous faisant voyager avec elle. Curieuse de nature, elle a su profiter de ses expériences entre Québec, Rivière-du-Loup, Tremblant ou encore l'Europe pour se façonner un style bien à elle.

Elle a rassemblé ses idées et ses découvertes personnelles afin de vous offrir ce premier livre influencé par les grands chefs qu'elle a côtoyés, ses amis de l'industrie et les mamans du Québec !

De notre côté, à la lecture de ce premier ouvrage, nous gardons un souvenir de la petite Ann-Rika au bout du comptoir avec ses grands yeux bleus, ses doigts dans la préparation pour gâteau et ses *Pourquoi ?* à chaque ingrédient ajouté !

Evelyne, Hugo, Antoine Martin

NOTE DE L'AUTEURE

Bienvenue dans le monde de la gastronomie et du fromage !

Ce livre comporte des informations afin de vous faire connaître davantage les produits d'ici, dont le fromage. En fait, les artisans fromagers du Québec sont nombreux. Même si ce livre n'en montre qu'une vingtaine, c'est un privilège de vous présenter enfin cet ouvrage.

Le livre est divisé afin d'aborder quatre services différents, soit l'apéro, les entrées, les plats principaux et les desserts. Une légende vous permettra d'identifier le degré de difficulté des recettes. Les plus faciles sont identifiées par une seule étoile, les intermédiaires par deux et les plus difficiles comportent trois étoiles. Plus de la moitié des recettes sont de type santé et elles ne sont pas difficiles à exécuter.

Pour commencer, je vous présenterai les amis qui m'ont offert leur temps et leur imagination afin de contribuer à la création de cet ouvrage. Au fil des pages, vous pourrez retrouver leurs recettes, qui seront bien identifiées. La prochaine section vous permettra d'en apprendre plus sur les fromages et finalement, vous découvrirez les recettes si attendues !

Merci à vous, chers lecteurs, de vous intéresser à mes recettes.

COLLABORATEURS

Dominic Jacques

Il a certainement fait ses preuves à tout le Québec, l'an dernier! En effet, il s'est battu durant plusieurs semaines pour arriver à la grande finale des Chefs 2012. Il s'agit évidemment de Dominic Jacques. Ami, ancien collègue de travail et maintenant chef exécutif du Quai 19, situé près du Vieux-Port de Québec, Dominic m'a fait l'honneur de créer, pour mon premier livre, un menu exceptionnel de quatre services avec quatre différents fromages du Québec. Je le remercie de tout cœur d'avoir accepté de collaborer avec moi malgré son horaire extrêmement chargé.

Suzie Riopel

Suzie, ma belle Suzie, avec sa tête débordante d'idées, m'a aidée énormément. Pâtissière à l'Auberge Saint-Antoine, elle sait toujours comment nous remonter le moral. Avec son cœur rempli d'amour, Suzie a su me redonner des idées dans les moments du syndrome de la page blanche, et elle a su m'écrire des recettes faciles et excellentes. Merci, merci, merci, encore merci pour tout le temps qu'elle a mis à faire les tests et à écrire les recettes.

Restaurant le Chic Shack

Evan Price, propriétaire, Antoine Martin, directeur gérant, et Mikael Garneau, Chef du Restaurant le Chic Shack. Âgé d'un an, le Restaurant le Chic Shack est pour moi l'un des meilleurs restaurants à burgers dans la Ville de Québec. Son ambiance est très décontractée et tout en simplicité. Les cuisiniers et les serveurs vous offriront une expérience inoubliable. Leurs laits frappés et leurs sodas maison, de même que leurs poutines et leurs burgers, méritent certainement d'être découverts! Je les remercie d'avoir accepté de révéler un de vos secrets, soit la recette du burger de bison, que vous retrouverez dans mon livre. Merci beaucoup à vous!

Restaurant La Forge

Un merci très spécial au Restaurant La Forge, qui m'a permis d'utiliser ses cuisines pour la pratique des recettes et son décor enchanteur pour les photos. Je remercie toute l'équipe ainsi que les clients, qui ont aidé au développement des recettes en acceptant de les goûter! Merci à tous!

INTRODUCTION

QUE VEUT DIRE *LAIT CRU* ET *LAIT PASTEURISÉ*?

Lait cru signifie que le lait utilisé pour la fabrication du fromage n'a pas subi de traitement thermique, ce qui veut dire que la flore bactérienne sera conservée intégralement. Cette technique développera une texture et un goût très subtils. On retrouvera dans le livre plusieurs fromages au lait cru, puisque ce procédé en est un que privilégient les artisans. En effet, cette technique offrira une légère variation gustative et qualitative.

Pour sa part, le *lait pasteurisé* aura subi un traitement thermique dont le but est d'éliminer les germes pathogènes. Cela signifie que toutes les bactéries naturelles seront dissipées. Ce procédé est généralement utilisé par les grandes industries. Avec cette technique, les industries doivent ajouter des ferments lactiques dans le lait. Cela suscite une standardisation dans les fromages vendus ; par conséquent, on retrouvera une uniformité dans le goût et les textures. C'est plutôt rare de voir ce procédé dans de plus petites fermes, puisque celui-ci coûte plus cher.

QUATRE GRANDES FAMILLES DE FROMAGES

Fromage frais
Sans croûte et sans affinage, ce fromage est souvent fabriqué avec du lait de chèvre, de brebis ou de vache. Utilisé dans des desserts sucrés, en plateau de fromages ou en entrée, ce fromage est très versatile. La ferme Cassis et Mélisse nous offre d'excellents fromages frais.

Pâte molle, croûte fleurie
Fleurie signifie *fleur*. Ce type de fromage présentera une surface blanche et veloutée. À l'étape de l'égouttage, le fromager pulvérise un champignon nommé *penicilium candidum*. C'est ce qui créera un petit duvet blanc. Ce fromage aura généralement une croûte de couleur ivoire. De plus, il sera luisant et aura une odeur d'érable. Sa texture sera lisse, moelleuse et souple. *Le Riopelle* est un excellent exemple de ce type de fromage.

Pâte molle, croûte lavée
À la suite de l'étape du démoulage, le fromager doit laver le fromage en surface à l'aide d'une éponge et d'une brosse. Cette étape contribuera à produire des arômes très puissants. On qualifiera alors ce produit de « fromage fort ». Avec sa saveur à la fois corsée et délicate, le fromage aura des goûts boisés, de champignons et d'oignons. *Le Pied-De-Vent* et le *14 Arpents* en sont de très bons exemples.

Pâte persillée
Au cours de la fabrication, le caillé sera émietté, salé et ensemencé de champignons du type *penicilium roqueforti* et *glaucum*, avant d'être moulé. Une fois démoulé, le fromage sera piqué à la main ou industriellement pour insérer une quantité parfaite d'air afin de provoquer le bon développement des champignons. Ce fromage, souvent appelé BLEU, est riche en saveur. Sa texture est crémeuse et légèrement granuleuse, alors que sa saveur distinctive est salée et puissante. *Le Rassembleu* et *Le Bleu d'Élizabeth* sont deux exemples parfaits.

À L'APÉRO

Pour l'anniversaire d'une amie, j'ai pu m'exercer à préparer les recettes suivantes : la bruschetta, le homard, le couscous et le saumon fumé. Les commentaires ont été unanimes : EXCELLENT! J'ai ajouté quelques recettes de plus pour passer d'un apéro à un cocktail dinatoire. Pour un anniversaire ou pour le temps des Fêtes, ces recettes faciles à réaliser seront appréciées de vos convives. Avec du vin, de la bière ou des cocktails, ce sera divin. Amusez-vous!

Salade de homard
& La Faisselle

Préparation : 20 min
Portions : 12 bouchées
Temps de cuisson : 10 min

CASSIS ET MÉLISSE

1	concombre tranché mince
½ lb	chair de homard frais ou surgelé
½	baguette de pain
1	branche de céleri haché
2 c. à soupe	huile d'olive
¼	concombre haché
½	fenouil haché
2 c. à soupe	coriandre hachée
1	fromage *La Faisselle*
2 c. à soupe	ciboulette fraîche hachée
2 c. à soupe	persil frais haché
½ t	mayonnaise (page 132)
	sel et poivre

ÉTAPES À SUIVRE

1 Préchauffer le four à 350°F (180°C).

2 Couper la chair de homard en gros morceaux.

3 Dans un grand bol, mélanger tous les ingrédients de la salade et bien assaisonner.

4 Réserver au froid.

5 Couper la baguette en fines tranches et étaler sur une plaque.

6 Badigeonner d'huile d'olive, saler et poivrer.

7 Enfourner pendant 10 min.

8 Couper *La Faisselle* en 6 tranches et séparer chaque tranche en 2.

9 Avant de procéder au dressage, laisser refroidir complètement les croutons.

10 Mettre 1 tranche de concombre et le fromage par-dessus.

11 Mettre la salade de homard sur *La Faisselle* de façon à ce que les gros morceaux de homard soient bien présentés.

Poivrer légèrement et servir.

CASSIS ET MÉLISSE

FERME — FROMAGERIE — GÎTE

Qui dit mois de mai dit HOMARD! Voici donc une recette originale pour accompagner le premier barbecue de la saison. Croutons de homard avec concombre et *La Faisselle*. Une découverte pour moi, *La Faisselle* m'a beaucoup impressionnée avec sa légère amertume et son caractère particulier. Pour les connaisseurs, cette recette fera l'unanimité et pour ceux qui découvriront *La Faisselle*, c'est la parfaite recette pour débuter la dégustation!

Au Cassis et Mélisse, ferme et gîte du passant, vous pourrez vous imprégner du travail à la ferme. Située à Saint-Damien de Buckland, cette fromagerie est une belle découverte pour moi.

Tomates séchées
& Le Mont-Jacob sur pita cuit

Préparation: 15 min
Portions: 4-6
Temps de cuisson: 10 min

FROMAGERIE BLACKBURN

1	pita
1 t	fromage Le Mont-Jacob
6	tomates séchées dans l'huile
10	olives noires
1	gousse d'ail
1 c. à soupe	noix de pin
6	petits bouquets de persil frais
4 c. à soupe	huile d'olive

ÉTAPES À SUIVRE

1 Préchauffer le four à 350°F (180°C).

2 Couper le pita en 12 morceaux et mettre sur une plaque et badigeonner avec 1 c. à soupe d'huile d'olive. Cuire 10 min au four. Réserver.

3 Dans un robot, mettre en purée les olives, l'ail et les noix de pin. Ajouter 1 c. à soupe d'huile d'olive, du poivre et mélanger jusqu'à homogénéité. Réserver.

Vous pouvez ajouter 1 petite pincée de sel. Attention : puisque les olives sont salées, il est important d'y aller avec précaution.

4 En enlevant la croûte, couper le fromage en dés de 5 mm par 5 mm. Réserver.

MONTAGE

1 Placer les pitas sur une assiette, puis déposer sur chacun une tomate et la purée d'olive.

2 Ajouter par la suite le fromage, un bouquet de persil et un filet d'huile d'olive.

Dégustez ! Plusieurs alternatives sont possibles avec cette recette. Je vous laisse le soin de vous amuser !

Puisque *Le Mont-Jacob* apporte en bouche un léger côté forestier ainsi qu'un petit goût sucré, j'ai tout de suite pensé aux olives et aux tomates. J'ai alors déniché dans le réfrigérateur de ma mère des tomates séchées au soleil et de la purée d'olive. Cette bouchée est très goûteuse, mais on ne perd jamais le goût du fromage.

Bruschetta
& L'Amateur

Préparation : 15 min
Portions : 4-6
Temps de cuisson : 5 min

FROMAGERIE DU CHAMP À LA MEULE

3	tomates épépinées, en petits cubes
1	baguette de pain
1	gousse d'ail hachée
1	échalote française hachée
½ t	fromage *L'Amateur*
½ t	basilic frais haché
½ t	persil frais haché
2 c. à thé	vinaigre de vin rouge
4 c. à soupe	huile d'olive
	sel et poivre

ÉTAPES À SUIVRE

1 Mélanger tous les ingrédients, sauf le pain et le fromage.

Réserver 1 c. à soupe d'huile d'olive pour plus tard.

2 Préchauffer le four à 350°F (180°C).

3 Couper le pain en longues tranches de ½ cm d'épaisseur.

4 Mettre un peu d'huile d'olive sur les croutons, saler et poivrer. Enfourner 5 min de chaque côté.

5 Déposer une bonne quantité du mélange de tomates sur chaque crouton. Mettre les copeaux de fromage sur le dessus.

Servir à l'apéro, en entrée ou même en accompagnement d'une bonne fondue.

L'Amateur est un fromage qui porte très bien son nom : corsé et texturé, ce fromage sera le coup de cœur… des amateurs ! Une bonne bruschetta commence par de l'ail et du basilic frais, ce qui lui donnera beaucoup de goût. Dès que j'ai goûté ce fromage, je le voyais déjà accompagner une bruschetta.

Courgettes farcies aux champignons & gratinées au Blackburn

Macération : 24 h
Portions : 20 bouchées
Préparation : 15 min

FROMAGERIE LE BLACKBRUN

4	courgettes vertes
2 c. à soupe	huile d'olive pour cuisson
1	poivron rouge haché
1	petit oignon rouge haché
2	gousses d'ail hachées
1 t	tomates italiennes en conserve, coupées en dés
2 c. à soupe	origan frais haché
2 c. à soupe	basilic frais haché
2 c. à soupe	persil frais haché
2 c. à soupe	ciboulette hachée
1 t	fromage *Blackburn* râpé

ÉTAPES À SUIVRE

1 Préchauffer le four à 350°F (180°C).

2 À l'aide d'une cuillère à soupe, vider les courgettes en laissant 5 mm à l'extérieur. Garder la chair des courgettes.

3 Hacher tous les légumes ainsi que la chair des courgettes.

4 Dans un poêlon, faire revenir les oignons, le poivron rouge et l'ail à feu moyen.

5 Une fois les ingrédients bien saisis, ajouter la chair des courgettes, les tomates et les herbes. Saler et poivrer.

6 Incorporer ½ t de fromage dans la farce.

7 Déposer les courgettes sur une plaque allant au four et les farcir avec la farce chaude.

8 Déposer le reste du fromage sur le dessus et cuire pendant 20 min.

Servir des tronçons de 2 cm et laisser vos invités se régaler.

On se demande souvent quoi faire avec des courgettes. Voici une de mes façons préférées de les apprêter. Ce plat, à la fois goûteux et santé, plaira même aux enfants ! Vous pouvez servir cette recette en apéro, comme je vous la présente, en entrée et même en plat principal si vous ajoutez du bœuf haché, du porc ou même du saumon effiloché.

Blackburn est un fromage corsé, relevé et savoureux. Il peut en intimider quelques-uns, mais il est excellent dans cette recette. Ne craignez pas de mettre de l'ail et de bien saisir les oignons et les poivrons. Cela donnera encore plus de goût et amènera beaucoup de caractère au fromage. Ce fromage, qui porte le nom de la fromagerie, est l'emblème de cette entreprise.

Couscous aux légumes & au Funambule

Préparation : 30 min
Portions : 12 bouchées
Temps de cuisson : 10 min

FROMAGERIE LA SUISSE NORMANDE

1 t	couscous moyen
1 ¼ t	fromage *Le Funambule*
3 c. à soupe	huile d'olive
½	carotte hachée
2	pains pita au blé
2	branches de céleri haché
½	poivron rouge haché
½	poivrons jaune haché
½	poivron orange haché
¼	oignon rouge haché
3 c. à soupe	ciboulette fraîche hachée
3 c. à soupe	persil frais
2 c. à soupe	menthe fraîche
3	oranges (zeste et jus)
1 t	eau bouillante

ÉTAPES À SUIVRE

1 Préchauffer le four à 350°F (180°C).

2 Mettre le couscous et l'huile d'olive dans un plat hermétique. Bien mélanger.

3 Ajouter l'eau bouillante et mettre le couvercle. Laisser reposer 10 min.

4 Couper les légumes et les herbes. Réserver.

5 Avec une fourchette, défaire le couscous jusqu'à ce que les grains soient séparés.

6 Ajouter tous les légumes et les herbes ainsi que le zeste et le jus d'orange. Saler et poivrer.

7 Goûter. Si c'est trop sec, ajouter un peu d'huile d'olive.

8 Couper les pitas en 6 morceaux et les déposer sur une plaque. Mettre au four durant 5 à 8 min.

9 Pendant ce temps, couper le fromage en 12 tranches égales.

10 Dresser chaque pita en y déposant une tranche de fromage et 1 c. à soupe de couscous.

Vous pouvez décorer avec du persil ou une feuille de menthe. Bon appétit!

Ce plat est facile et très bon! On peut aussi le préparer sans le crouton. En effet, le couscous et le fromage bien mélangés feront fureur. En cocktail, ce sera un canapé végétarien et santé. C'est aussi une excellente bouchée pour ceux et celles qui surveillent leur ligne!

Une recette de **Dominic Jacques**

Huîtres des Maritimes façon Rockefeller
& Le d'Iberville

Préparation : 20 min
Portions : 12 bouchées
Temps de cuisson : 10 min

FROMAGERIE AU GRÉ DES CHAMPS

SAUCE VIN BLANC AU FROMAGE D'IBERVILLE

½ t	fromage *Le d'Iberville* râpé
4/5 t	crème 35%
½ t	vin blanc sec
	jus des huîtres
	(dans le cas où l'on sert cette sauce avec les huîtres)
	sel et poivre du moulin au goût
1	échalote française ciselée très finement
1	gousse d'ail dégermée et hachée très finement

GARNITURE

½ t	poitrine de sanglier fumée au naturel
	quelques feuilles de bébés épinards
½ t	fromage *Le d'Iberville*
12	huîtres

ÉTAPES À SUIVRE

HUÎTRES

1 Choisir de belles huîtres de qualité, bien charnues et bien lourdes.

2 Brosser et frotter les huîtres rapidement sous l'eau froide. Les ouvrir en filtrant le jus des huîtres dans une passoire, en prenant soin d'y déposer préalablement un filtre à café.

3 Remplir un récipient d'eau froide et y faire tremper les huîtres brièvement. S'assurer qu'il n'y ait plus de grains de sable.

4 Remettre un peu de jus d'huître sur ces dernières et récupérer ce qu'il reste pour la sauce.

5 Bien gratter et nettoyer les coquilles à l'intérieur, une fois ouvertes.

SAUCE VIN BLANC AU FROMAGE LE D'IBERVILLE

1 Dans une casserole, faire suer à blanc l'échalote, puis ajouter l'ail. Verser le vin blanc et réduire au ¾. Ajouter le jus des huîtres et porter à ébullition. À ce moment, déposer délicatement les huîtres, les pocher à peine 15 à 20 secondes et les retirer rapidement. Réserver.

2 Ajouter ensuite la crème, porter à ébullition à nouveau et réduire de moitié. Hors du feu, lier avec le fromage et passer à la mixette.

3 Passer ensuite au chinois étamine et réserver.

GARNITURE

1 Faire revenir environ ½ t (125 g) de lardons à la poêle avec le bacon de sanglier. On pourrait également prendre du bacon de porc. Faire rissoler, dégraisser et éponger sur un papier absorbant.

2 Faire tomber quelques feuilles de bébés épinards dans une poêle bien chaude au beurre pendant quelques secondes. Assaisonner et retirer sur un papier absorbant. Réserver.

3 Râper le fromage et réserver.

MONTAGE

1 Préchauffer le four à 500°F (260°C).

2 Sur une plaque allant au four, étendre du gros sel et y déposer les coquilles.

3 Mettre au fond de chacune de celles-ci un peu de tombée d'épinards.

4 Déposer les huîtres par-dessus.

5 Recouvrir de sauce au fromage, puis de quelques petits lardons de sanglier.

6 Remettre du fromage râpé sur le dessus.

7 Gratiner au four jusqu'à ce qu'elles soient dorées.

Servir accompagnées d'un verre de vin blanc sec.

* Pour le dressage, sur de belles grandes assiettes rectangles, déposer à intervalles réguliers un petit monticule de gros sel humide. Déposer les huîtres sur chacun d'eux.

Cette sauce au vin blanc accompagne les pâtes à merveille. On peut aussi en faire une émulsion pour servir avec une viande ou un poisson. Il est également possible de mettre la sauce dans un siphon pour la servir en accompagnement d'une entrée froide ou pour l'accorder avec un verre de vin, des noix et des fruits frais (raisins, pommes ou poires, par exemple).

Saumon fumé
& La Petite Folie

Préparation : 10 min
Portions : 12 bouchées
Temps de cuisson : 10 min

FROMAGERIE LES FOLIES BERGÈRES

1 t	saumon fumé
1 t	fromage *La Petite Folie*
½	baguette de pain
2 c. à soupe	huile d'olive
½ t	câpres
	zeste d'un citron

ÉTAPES À SUIVRE

1 Préchauffer le four à 350°F (180°C).

2 Couper la demi-baguette en fines tranches (entre 12 et 15 tranches).

3 Étaler les tranches sur une plaque et les badigeonner d'huile d'olive. Saler et poivrer.

4 Cuire pendant 10 min au four.

5 Refroidir.

6 Laisser tempérer le fromage et avec une cuillère, le déposer sur les croutons.

7 Rouler le saumon fumé et le déposer sur le fromage.

8 Laisser tomber quelques câpres et parsemer de zeste de citron.

Le tour est joué!

L'Outaouais est assurément une belle région à visiter au Québec. Si vous avez la chance d'y séjourner, profitez-en pour découvrir les merveilleux fromages de la fromagerie Les Folies Bergères qui, soit dit en passant, ne sont distribués à aucun autre endroit au Québec.

Voici la combinaison parfaite: fromage de chèvre aux herbes avec saumon fumé. Réalisez, goûtez… et répétez! C'est un délice!

LES ENTRÉES

Une recette de **Suzie Riopel**

Sablé pavot
& Hatley

Préparation : 30-60 min
Portions : 25 à 30 sablés
Temps de cuisson : 15 min

FROMAGERIE LA STATION

1 ¼ t	farine
⅔ t	fromage *Hatley* râpé
½ c. à thé	sel
1	pincée de muscade et de poivre
1 t	beurre mou
1	œuf
	un peu de lait pour la dorure
	graines de pavot

ÉTAPES À SUIVRE

1 Préchauffer le four à 350°F (180°C).

2 Dans un bol, rassembler la farine, les assaisonnements et le beurre. Travailler l'ensemble jusqu'à obtenir une texture sableuse. Ajouter l'œuf et continuer de mélanger pour bien amalgamer les ingrédients, sans plus.

Une manipulation excessive de la pâte développera du gluten dans la farine et donnera des biscuits moins tendres.

3 À l'aide d'un rouleau à pâte, abaisser la pâte en un rectangle de 1 cm d'épaisseur. Déposer sur une plaque à cuisson et laisser reposer 30 min au congélateur ou 1 h au réfrigérateur.

4 À l'aide d'un couteau, découper des biscuits de 1 cm par 5 cm et les déposer sur une plaque sans les coller. Badigeonner de lait et saupoudrer le pavot uniformément.

5 Cuire au four 12 min ou jusqu'à ce qu'ils soient dorés. Laisser refroidir avant de les enlever de la plaque pour éviter qu'ils ne se brisent.

Cette recette est sympathique et très simple. Ce petit sablé de pavot et de *Hatley* ressemble beaucoup aux bâtonnets de fromage qu'on mangeait quand on était enfants. Faits maison et frais, vos enfants en raffoleront! Ce petit délice est merveilleux dans les boîtes à lunch ou pour collation de fin de soirée.

Vous trouverez facilement ce fromage dans une épicerie à grande surface. Vous pouvez faire différentes versions en utilisant différents fromages à pâte ferme ou des tommes. Ce sera excellent. Vous pouvez même ajouter des tomates séchées ou un peu de pesto! Cela donnera un caractère différent à vos sablés.

Salsa, guacamole & Fleurs d'ail

Préparation : 20 min
Portions : 6

FROMAGERIE AU VILLAGE

SALSA

2 t	huile d'olive
½ t	piment Jalapeno, épépiné et haché fin
½ t	piment rouge, coupé en dés
½ t	oignon, coupé en dés
½ c. à thé	cumin moulu
½ c. à thé	paprika
½ c. à thé	coriandre moulue
2	gousses d'ail hachées finement
1	jus d'une lime
2 c. à soupe	pâte de tomates
1 c. à thé	sucre
2 t	tomates italiennes en conserve, coupées en dés et égouttées

GUACAMOLE

3	avocats
2	jus de deux citrons
½ c. à thé	coriandre fraîche hachée
½ c. à thé	persil frais haché
5 gouttes	de sauce Tabasco
½ c. à thé	cumin moulu
	sel et poivre
4/5 t	fromage *Fleurs d'ail*
2 c. à soupe	coriandre fraîche hachée

ÉTAPES À SUIVRE

SALSA

1 Dans une casserole, chauffer l'huile à feu moyen.

2 Ajouter les piments rouges, le piment jalapeno et les oignons. Bien faire suer.

3 Ajouter les autres ingrédients (cumin, paprika, coriandre, ail, jus de lime, pâte de tomates, sucre et tomates en dés).

4 Bien remuer et cuire 5 min à feu moyen.

GUACAMOLE

1 Ouvrir et dénoyauter les avocats, puis récupérer la chair. Mettre dans un bol et écraser à la fourchette.

2 Ajouter toute la garniture et bien mélanger, toujours à la fourchette.

3 Saler et poivrer au goût.

MONTAGE

1 Râper le fromage.

2 Mettre du guacamole au fond d'une assiette et déposer du fromage par-dessus.

3 Couvrir de salsa et remettre du fromage.

4 Terminer avec de la coriandre fraîche sur le dessus.

5 Servir avec des tortillas passés au four quelques minutes ou avec des croustilles au maïs commerciales de type *Tostitos*.

Vous avez faim et vous êtes pressés ? J'ai la recette qu'il vous faut ! Que diriez-vous d'une salsa maison avec un savoureux guacamole ? Les fanatiques de nachos aimeront cette nouvelle version avec un fromage québécois. Excellent goût, surtout avec le *Fleurs d'ail*. Ce fromage est de style cheddar, mais à l'intérieur on y a incorporé de la fleur d'ail hachée, d'où son nom. L'ail se marie parfaitement avec la salsa et le guacamole.

Vous prendrez goût à cette recette de calibre débutant. Celle-ci s'adapte à toute occasion, que ce soit pour un souper de famille ou tout simplement pour grignoter au diner.

Oeufs bénédictines
aux champignons sauvages
& sauce au Pied-De-Vent

Préparation : 15 min
Portions : 4
Temps de cuisson : 10 min

FROMAGERIE PIED-DE-VENT

1 ½ t	sauce au *Pied-De-Vent* (page 136)
4	œufs
1 t	champignons sauvages
4	tranches de pain ménage
1 t	salade mesclun
2 c. à soupe	huile d'olive
2 c. à soupe	vinaigre balsamique

ÉTAPES À SUIVRE

1   Dans une casserole, porter l'eau à ébullition. Casser les œufs directement dans l'eau bouillante et laisser cuire 4 min pour un mollet et 6 min pour un œuf plus cuit.

Pour un œuf poché parfait, faites un mouvement de tourbillon dans l'eau avant d'y plonger l'œuf.

2   Dans un poêlon, faire chauffer 1 c. à soupe d'huile d'olive. Faire revenir les champignons. Ajouter dans la sauce préalablement réchauffée.

3   Au moment de servir, faire griller le pain au grille-pain ou au four.

4   Dans l'assiette, déposer le pain, l'œuf et ajouter de la sauce avec des champignons sur le dessus.

Vous trouverez la sauce au *Pied-De-Vent* dans la section *Les indispensables*. Cette sauce est un excellent passe-partout et peut être exécutée avec le fromage de votre choix. Soyez original, osez la marier avec des fruits, des œufs au déjeuner et même avec de la viande.

Le Paillasson de l'isle d'Orléans
& chutney d'abricot au vin blanc

Macération : 24 h
Portions : 4
Préparation : 15 min

FROMAGERIE DE L'ISLE D'ORLÉANS

½ t	abricots
½ t	vin blanc
½	oignon blanc haché
	beurre
1	pomme Granny Smith
1	fromage *Le Paillasson de l'isle d'Orléans*
	huile
	roquette pour décorer

ÉTAPES À SUIVRE

1 Couper les abricots en tranches et les réhydrater en les faisant tremper dans le vin blanc pendant 24 h.

2 Le lendemain, faire suer les oignons dans une casserole avec une noix de beurre jusqu'à ce qu'ils deviennent translucides. Ajouter les abricots avec le vin blanc. Cuire 10 min à feu moyen.

3 Ajouter les pommes et laisser compoter.

4 Faire griller *Le Paillasson de l'isle d'Orléans* soit sur le barbecue à chaleur maximale, en prenant bien soin de le décoller avec une spatule, soit dans un poêlon antiadhésif à feu moyen avec un peu d'huile, jusqu'à ce qu'il soit coloré de chaque côté.

5 Déposer dans une assiette avec un crouton sous *Le Paillasson* et mettre le chutney sur le dessus. Décorer avec de la roquette.

Crémeux et fondant: voilà deux des multiples qualités du *Paillasson de l'isle d'Orléans*. Si vous passez dans ce coin, vous devez absolument visiter la fromagerie! J'ai eu le privilège de travailler ce fromage de façon plus technique. Je vous invite donc à préparer cette recette, autant pour des occasions spéciales ou simplement pour un souper chaleureux, que ce soit avec ou sans chutney. Bonne découverte!

Le Pizy en pâte aux herbes & lime

Préparation : 15 min + 2 h
Portions : 4 à 6
Temps de cuisson : 20-25 min

FROMAGERIE LA SUISSE NORMANDE

1 t	farine tout usage
½ t	beurre
1	pincée de sel
1 c. à soupe	basilic frais
1 c. à soupe	menthe fraîche
1 c. à thé	origan frais
3 c. à soupe	eau froide
1	zeste d'une lime
1	fromage *Le Pizy*

ÉTAPES À SUIVRE

1 Préchauffer le four à 400°F (200°C).

2 Dans un bol, sabler la farine et le beurre avec le sel à l'aide d'une fourchette.

3 Ajouter les herbes une fois que le beurre et la farine sont bien sablés.

4 Faire un puits au centre de la farine et verser l'eau. Mélanger avec une seule main et pétrir pour uniformiser la pâte.

5 Faire reposer la pâte pendant 2 h.

6 À l'aide d'un rouleau à pâte, abaisser la pâte en forme de carré si possible et d'une épaisseur de 2 mm.

7 Déposer le fromage au centre de la pâte, ajouter le zeste de lime sur le fromage et refermer la pâte.

8 Sur chaque côté, mettre un peu de jaune d'œuf battu avec les doigts pour bien colorer la pâte à la cuisson.

9 Avec une fourchette, piquer le dessus de la pâte à quelques reprises pour que l'air puisse sortir lors de la cuisson.

10 Cuire au four pendant 20 à 25 min ou jusqu'à ce que la pâte soit dorée.

11 Très important : quand vous sortirez le fromage du four, laissez-le reposer pendant 10 min. Il sera ainsi beaucoup plus agréable à déguster.

Ce fromage peut être servi comme entrée, comme apéro ou même en dessert.

* N'hésitez pas à expérimenter avec les herbes que vous avez sous la main afin de parfumer la pâte. Par contre, allez-y avec parcimonie avec les herbes à l'arôme puissante, telles que le romarin, l'aneth et le thym.

Un livre sur les fromages sans fromage en croute, c'est inacceptable ! Je vous présente donc mon *Pizy* en pâte aux herbes. Une belle découverte pour moi, *Le Pizy* est un fromage qui plaît à tous grâce à ses arômes d'herbes et à son goût très léger. Il s'agit d'une petite galette plutôt mince, qui pourrait sembler banale. Or, quand nous l'ouvrons, nous découvrons sa sublime texture à la fois crémeuse et légère, qui fait qu'on aurait le goût que *Le Pizy* fasse partie de tous nos repas ! J'ai choisi des herbes ainsi que la lime pour faire ressortir le goût du fromage. J'espère que vous vous régalerez de cette recette, qui est facile et rapide à faire.

Pain sans pétrissage
& La Religieuse

Préparation : 15 min
Temps de cuisson : 1 h
Temps de repos : 23 h

FROMAGERIE DU PRESBYTÈRE

3 t	farine tout usage
¼ c. à thé	levure sèche active
2 c. à thé	sel
1 ¾ t	eau
1 t	cubes de fromage *la Religieuse*

ÉTAPES À SUIVRE

1 Dans un bol, mélanger tous les ingrédients (sauf le fromage) avec une cuillère de bois en s'assurant qu'il ne reste pas de grumeaux de farine. Ajouter de l'eau si nécessaire. Le mélange doit être souple, mais il doit se tenir.

2 Déposer la pâte à pain dans un plat assez grand pour la laisser lever du double. Couvrir avec un linge et laisser reposer 20 h sur le comptoir. Puisque cette pâte contient peu de levure, la longue fermentation va créer d'autres levures et développer le goût.

3 Après ce petit repos, replier la pâte deux fois sur elle-même et la laisser reposer 15 min. Cette action va lui donner du corps.

4 Façonner le pain en forme de boule en y ajoutant les cubes de fromage. Déposer dans un linge fariné, le recouvrir de farine et d'un autre linge.

5 Le pain doit lever pendant 2 h.

6 30 min avant la fin de la levée, allumer le four à 450°F (230°C) et y déposer une cocotte.

7 Quand le temps est écoulé, sortir la cocotte du four et y déposer le pain. Ce n'est pas grave si celui-ci se déchire en restant collé au linge. Les déchirures donneront un air rustique au pain une fois cuit.

8 Couvrir et cuire 30 min. Enlever le couvercle et poursuivre la cuisson encore 30 min. Enfin, laisser reposer le pain au moins 30 min avant de le couper.

Quand on pense à préparer son propre pain, le mot «facilité» nous vient rarement en tête. Or, mon amie Suzie Riopel a créé une recette de pain au fromage plutôt simple. GÉNIAL! La recette est un véritable délice. Pour ma part, ce sera sans aucun doute une recette que j'apprendrai par cœur. Croustillante, ferme et pleine de saveur… À essayer!

On a opté pour le fromage *la Religieuse*, puisqu'il est souple mais quand même puissant. On ne perd pas le goût du fromage à travers la levure et ce fromage se marie très bien avec le caractère particulier de la levure.

Salade de brocoli, amandes & canneberges séchées

Préparation : 15 min
Portions : 4
Macération : 1-2 h

FROMAGERIE PIED-DE-VENT

2 t	brocoli coupé en petits bouquets
¼ t	amandes
¼ t	canneberges séchées
1 t	mayonnaise (page 132)
1	oignon haché
2 t	fromage *La Tomme des Demoiselles* râpé
	sel et poivre

ÉTAPES À SUIVRE

 Mélanger tous les ingrédients, puis goûter. Laisser macérer 1 à 2 h puis rectifier l'assaisonnement avec du sel et du poivre.

Cette recette, qui provient de ma mère, est facile et rapide à réaliser, ce qui est important chez moi, surtout sur l'heure du midi! Ma mère s'en fait souvent une quantité énorme et elle en a pour toute la semaine… sauf quand mes frères, ma sœur et moi venons partager le repas. Sa délicieuse salade disparaît alors assez rapidement. Plusieurs modifications sont possibles (autant pour les légumes que pour le fromage), mais chose certaine, avec des ingrédients nourrissants, remplis de bonnes protéines, cette recette donnera de l'énergie à toute la famille!

Salade de pâtes, mesclun, olives & tomates cerises

Préparation : 15 min
Portions : 4
Temps de cuisson : 15 min

CASSIS ET MÉLISSE

2 t	pennines
½ t	olives vertes
½ t	tomates cerises
1	échalote française hachée
1	gousse d'ail hachée
½ t	huile d'olive
2 c. à soupe	vinaigre de riz
2 t	salade mesclun
½ t	fromage de chèvre cendré
	Cassis et Mélisse
	sel et poivre

ÉTAPES À SUIVRE

1 Cuire les pâtes dans une grande casserole d'eau bouillante. Suivre les indications du fabricant et arrêter la cuisson en rinçant à l'eau froide. Bien égoutter les pâtes.

2 Trancher les olives et les tomates en 2.

3 Dans un petit bol, mélanger l'échalote, l'ail, l'huile d'olive et le vinaigre de riz.

4 Dans un grand bol, mélanger les olives, les tomates, salade mesclun, les pâtes et la vinaigrette.

Déposer la salade dans une assiette, placer le fromage coupé en rondelles sur le dessus et servir.

* Cette salade peut être servie sans pâtes (voir la photo).

** Vous pouvez remplacer la salade mesclun par des épinards.

CASSIS ET MÉLISSE
FERME — FROMAGERIE — GÎTE

De plus en plus, on vante les mérites d'une alimentation saine. Or, plusieurs trouvent cela terne, fade. Pourtant, ce n'est pas nécessaire de sacrifier le goût quand on veut économiser des calories ! Permettez-moi de partager cette recette très savoureuse, dans laquelle le fromage de chèvre cendré est à l'honneur. Doux et crémeux, il est mémorable. Même en y ajoutant des olives, des tomates et des épinards, son goût merveilleux gardera toute sa place.

Salade grecque
& La Moutonnière

Préparation : 15 min
Portions : 4 à 6

FROMAGERIE LA MOUTONNIÈRE

4	tomates coupées en cubes
1 t	fromage feta *La moutonnière* émietté
2	concombre coupé en cubes
1	petit oignon haché
20	olives noires coupées en deux
3 c. à soupe	huile d'olive
2 c. à soupe	vinaigre de vin rouge
2 c. à thé	origan séché
2 c. à thé	persil séché
2 c. à thé	basilic séché
1	pincée de sel et de poivre

ÉTAPES À SUIVRE

 1   Mélanger tous les ingrédients et laisser macérer au moins 20 min avant de servir.

     Servir bien froid.

* Ajouter du brocoli, du chou-fleur, du céleri et des poivrons de différentes couleurs pour une salade encore plus colorée.

** Vous pouvez aussi utiliser un autre type de fromage, par exemple du fromage de chèvre ou encore du cheddar.

Cette recette est un classique familial apprécié des petits et des grands. Le fromage feta de brebis lui donne une touche salée bien agréable. Cette salade peut être servie en accompagnement avec une grillade ou comme plat principal sur l'heure du dîner. Elle est meilleure après quelques jours de macération et se conserve jusqu'à sept jours… mais on l'aura toute mangée bien avant! Bon appétit!

Soupe à l'oignon à la bière noire
& gratinée au Cheddar Île-aux-Grues

Préparation : 15 min
Portions : 4 à 6
Temps de cuisson : 30 min

FROMAGERIE DE L'ÎLE-AUX-GRUES

5	oignons tranchés
3	gousses d'ail hachées
3 c. à soupe	huile d'olive
½ t	bière noire
8 t	bouillon de bœuf (page 131)
1	bouquet garni
6	tranches de pain
2 t	*Cheddar Île-aux-Grues* vieilli 2 ans, râpé

ÉTAPES À SUIVRE

1 Dans un grand chaudron, faire revenir les oignons et l'ail dans l'huile d'olive, à feu moyen.

2 Cuire 20 à 30 min jusqu'à ce qu'ils soient dorés.

3 Déglacer à la bière noire en grattant bien les sucs au fond du chaudron.

4 Ajouter le bouillon de bœuf et le bouquet garni.

5 Porter à ébullition et réduire le feu pour laisser mijoter 30 min.

6 Préchauffer le four à 400°F (200°C).

7 Griller le pain au four durant quelques minutes.

8 Verser la soupe dans des bols et déposer une tranche de pain sur chacun. Ensuite couvrir le tout de fromage.

9 Mettre les bols sur des plaques et gratiner au four.

* Cette soupe peut aussi être faite avec du vin blanc.

Cette soupe à l'oignon est un plat réconfortant qui se sert merveilleusement bien après une belle journée d'hiver, passée à faire du ski! L'équilibre entre le gratin et le poivre est tout à fait sublime et bien raffiné. Essayez!

Tartare de bœuf classique & Le Ménestrel

Préparation : 15 min
Portions : 4

LES FROMAGIERS DE LA TABLE RONDE

1 c. à soupe	moutarde forte
1 c. à soupe	câpres hachés
1 c. à soupe	cornichons hachés
1 c. à soupe	échalotes hachées
1 c. à soupe	persil frais haché
1	jaune d'œuf
1/3 t	huile végétale
½ lb	bœuf frais de qualité (filet mignon ou intérieur de ronde)
	sel et poivre
1 t	copeaux de *Ménestrel*

ÉTAPES À SUIVRE

1 Dans un bol, mélanger la moutarde, les câpres, les cornichons, l'échalote, le persil et les jaunes d'œuf.

2 En fouettant énergiquement, ajouter l'huile d'olive en un filet, pour former une belle émulsion.

3 Hacher le bœuf avec un couteau et le mélanger avec la sauce. Saler et poivrer.

4 Dans une assiette, disposer le tartare à l'aide d'un emporte-pièce.

Si vous n'avez pas d'emporte-pièce, vous pouvez utiliser une boîte de conserve vide dont les deux bouts ont été enlevés.

5 Déposer les copeaux de fromage sur le dessus et servir avec des croutons.

Quoi de meilleur qu'un bon tartare ! Je vous offre ici ma version, que je prépare depuis quelques années. J'ai eu l'idée de combiner le tartare avec du fromage en les couchant sur un lit de salade césar, avec des câpres et du parmesan. Succès immédiat !

Si vous décidez de prendre ce plat sur l'heure du midi, vous ferez certainement des jaloux ! Le truc, c'est de mélanger la sauce et le bœuf à la dernière minute. Ne le préparez pas à l'avance. Les proportions indiquées sont parfaites pour quatre personnes si on sert ce repas comme entrée, mais peuvent aussi convenir pour deux personnes si on veut en faire le repas principal. Vous pouvez y mettre votre touche personnelle en variant les fromages ou les condiments. Si vous désirez plus de piquant, ajoutez de la sauce Tabasco ou encore du Shirasha.

Puisque ce fromage a un goût fort, il se marie très bien avec le goût âcre des câpres et le piquant de l'ail.

Trempette tzatziki
& Le Bleu d'Élizabeth

Préparation : 15 min
Portions : 4
Macération : 2 h

FROMAGERIE PRESBYTÈRE

4 t	mayonnaise (page 132)
½ t	crème sure
1	gousse d'ail hachée
2 c. à soupe	persil frais haché
2	échalotes françaises
1 c. à soupe	jus de citron
½ t	miel
	cornichons à l'aneth haché, au goût
¼ t	fromage *Le Bleu d'Élizabeth* émietté

ÉTAPES À SUIVRE

 1   Tout mélanger et laisser macérer pendant 2 h.

* Cette recette peut aussi faire une belle vinaigrette pour la salade.

Amateurs et amatrices de fromage bleu, cette recette est vraiment pour vous ! On peut la servir avec des cornichons frits, des ailes de poulet, des tortillas, des chips nature ou encore la mélanger avec de la salade. Cette trempette au goût de tzatziki donne envie de fêter au bord du barbecue. Vous vous régalerez de ce mélange de saveurs et de textures, sucrées mais acidulées, douces mais épicées. Bonne dégustation !

LES PLATS PRINCIPAUX

Burger de bison, portobellos sauce demi-glace au cognac & mayonnaise au raifort

Préparation : 30 min
Portions : 4
Temps de cuisson : 30 min

LES FROMAGIERS DE LA TABLE RONDE

BOULETTES

1,7 lbs	bison haché
1	œuf
	sel et poivre

PORTOBELLOS AU COGNAC

3 à 4	portobellos
1 c. à soupe	beurre
¼ t	Cognac
½ t	sauce demi-glace commerciale
1 c. à soupe	ail haché

BURGER

1 ½ t	mayonnaise (page 132)
3 c. à soupe	raifort frais râpé
4	pains à hamburger
1 t	roquette
½ t	fromage *Le Rassembleu*

ÉTAPES À SUIVRE

BOULETTES

1 Bien mélanger le bison, l'œuf, le sel et le poivre.

2 Cuire les boulettes dans un poêlon ou sur le barbecue pour un maximum de saveur.

PORTOBELLOS

1 Préparer les champignons en enlevant le pied et en épluchant avec vos mains le dessus de chacun.

2 Couper les champignons en tranches d'environ 2 à 3 mm.

3 Dans un poêlon chaud, mettre le beurre et faire revenir les champignons jusqu'à ce qu'ils soient bien colorés.

4 Déglacer avec le cognac et réduire à sec.

5 Mettre la sauce demi-glace préalablement cuisinée selon la recette du frabricant.

6 Réserver au chaud.

BURGER

1 Préparer la mayonnaise nature tel qu'indiqué dans la section les indispensables.

2 Prendre 400 ml de mayonnaise et la mélanger avec le raifort frais.

3 Réfrigérer.

4 Monter le burger dans l'ordre suivant : pain, boulette, champignon, roquette, Rassembleu et la sauce, évidemment !

Il y a déjà un an, Evan Price ouvrait le restaurant Chic Shack, situé dans le Vieux Québec. À ses côtés se trouvaient Antoine Martin (directeur gérant) et Mikael Garneau (chef au fourneau). Leur fabuleux burger fut un succès immédiat, séduisant les clients l'un après l'autre. Cette recette peut bien sûr être apprêtée avec du bœuf, par contre le bison lui donne beaucoup de caractère. Si vous ne pouvez passer au restaurant pour goûter à l'original, vous avez au moins tout en main pour le préparer à la maison.

Écrasé de patates douces au saumon gratiné au Tomme de Grosse-Île

Préparation : 25 min
Portions : 4
Temps de cuisson : 15-20 min

FROMAGERIE PIED-DE-VENT

5	patates douces
¼ t + 2 c. à thé	huile d'olive
2	branches de thym frais
2	gousses d'ail hachées
1	petit oignon rouge
½ t	fromage *Tomme de Grosse-Île* râpé
1 lb	saumon frais sans peau
	sel et poivre

ÉTAPES À SUIVRE

1   Préchauffer le four à 350°F (180°C).

2   Couper les patates douces en gardant la peau et les déposer dans un plat style pyrex.

3   Ajouter l'huile d'olive, le thym et l'ail. Bien mélanger, couvrir de papier d'aluminium et mettre au four durant 30 à 40 min.

4   Pendant que les patates cuisent, faire cuire le saumon en le faisant saisir dans l'huile.

5   Hacher l'oignon rouge et faire revenir avec un peu d'huile dans un poêlon. Une fois bien cuits, ajouter le saumon et cuire de 6 à 7 min de chaque côté.

6   Lorsque les patates douce sont cuites, les écraser grossièrement dans un plat de pyrex avec une fourchette.

7   Ajouter ¼ de la quantité de fromage râpé et bien mélanger.

8   Déposer le saumon sur les patates, mettre les oignons par-dessus et étendre le reste du fromage en dernier.

9   Faire gratiner au four sous le gril jusqu'à ce que le fromage soit bien doré. Le saumon sera alors cuit à perfection.

* Pour vérifier la cuisson, piquer les patates douces avec la pointe d'un couteau. Quand elles sont tendres, c'est signe qu'elles sont prêtes.

Cette recette a vu le jour par un beau lundi soir, alors que je ne savais trop que faire pour souper. Il me restait des patates douces ainsi que du saumon déjà cuit. En y ajoutant du fromage, je me suis dit que ça pourrait faire une excellente recette !

Ne craignez pas de mettre beaucoup de thym, d'ail et d'huile. Cette recette est bien goûteuse avec le *Tomme de Grosse-Île*. J'ai su créer un bel équilibre entre le gras du fromage et le côté moelleux du saumon ainsi que le croquant des oignons frits. Maintenant, à vous de jouer !

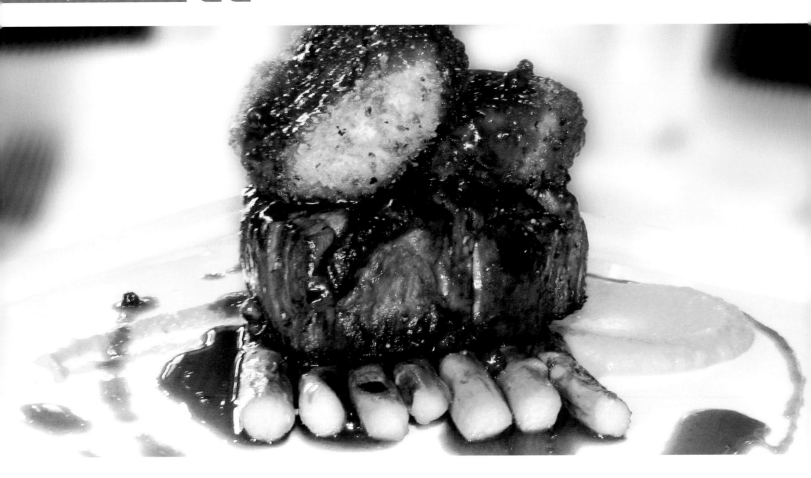

Filet mignon au fromage de chèvre croustillant & sauce au poivre

Préparation : 30 min
Portions : 4
Temps de cuisson : 30 min

CASSIS ET MÉLISSE

SAUCE AU POIVRE

1	échalote
1	gousse ail
2 c. à thé	huile d'olive
2 c. à soupe	poivre en grain concassé
2 t	fond brun
32 oz	filet mignon
20	asperges

CROQUETTE DE CHÈVRE

½ t	Panko ou chapelure
2 c. à soupe	poudre d'ail
2 c. à soupe	poivre du moulin
2	œufs
½ t	lait
1 t	farine
½ t	chèvre frais nature *Cassis et Mélisse*

ÉTAPES À SUIVRE

SAUCE

1 Dans un petit chaudron, faire suer les échalotes, l'ail et le poivre avec de l'huile.

2 Ajouter le fond brun et laisser réduire de moitié ou jusqu'à ce que la consistance soit belle.

Vous pouvez utiliser des bases de demi-glace ; suivez alors les instructions sur l'emballage.

CROQUETTES DE CHÈVRE

1 Dans un premier bol, mélanger le Panko, la poudre d'ail et le poivre du moulin.

2 Dans un autre bol, mélanger les œufs et le lait.

3 Mettre la farine dans un troisième bol.

4 Couper le chèvre en 8 tranches égales, puis faire une panure à l'anglaise : tremper chaque tranche dans la farine, dans le lait et ensuite dans la chapelure et répéter ces 3 opérations 2 fois pour chaque tranche de fromage.

5 Dans une friteuse ou dans un poêlon à côtés très hauts, faire chauffer l'huile jusqu'à 350°F (180°C).

6 Frire jusqu'à coloration assez foncée, sortir et déposer sur du papier essuie-tout.

FILETS MIGNONS

1 Faire saisir les filets mignons dans un poêlon ou sur le barbecue. Mettre au four à 400°F (200°C) 10 à 20 min, selon la cuisson voulue.

2 Faire blanchir les asperges dans l'eau salée et finir la cuisson dans un poêlon avec du beurre.

MONTAGE

1 Pour chaque assiette, mettre le filet mignon sur 4 à 5 asperges puis déposer deux croquettes de chèvre sur le filet mignon.

CASSIS ET MÉLISSE

FERME — FROMAGERIE — GÎTE

Cette recette bien surprenante saura épater vos convives. Sans être trop complexe, le degré de difficulté de sa préparation présente tout de même un beau défi, une belle occasion de vous surpasser. Vous constaterez que les saveurs ainsi que les textures s'agencent à merveille. En effet, ce plat offre une belle combinaison entre le croquant de la panure, le moelleux du fromage de chèvre et la tendreté de la viande. Quelle recette festive !

Recette assez complexe mais excellente. Vous pouvez choisir une partie de viande moins noble. Les croquettes de chèvre peuvent être dégustées seules lors de l'apéro, comme entrée ou même sur une salade.

Fondue au fromage
& caramel de balsamique

Temps de cuisson : 15 min

FROMAGERIE DU CHAMP À LA MEULE

1	échalote hachée
1	gousse d'ail haché
1 c. à soupe	huile d'olive
1 boîte	fondue au fromage
	Du Champ à la Meule
2 c. à soupe	persil frais haché
½ t	vinaigre balsamique
½ t	sucre

ÉTAPES À SUIVRE

1 Dans une casserole à feu moyen, faire revenir les échalotes et l'ail avec l'huile.

2 Verser le mélange à fondue dans le chaudron à feu très doux et mélanger à la cuillère de bois.

3 À la fin, ajouter le persil et mélanger.

4 Dans une petite casserole, mettre le vinaigre balsamique et le sucre à bouillir.

5 Laisser réduire de moitié pour que ça forme un caramel.

Verser dans un bol à fondue au fromage ou dans de petits bols individuels pour vos invités.

Mettre un léger filet de caramel de balsamique comme décoration, environ une cuillerée à thé. Puisque c'est très goûteux, on doit l'utiliser avec modération.

Une fondue au fromage parfumée au vin, nous savons tous que c'est un délice, mais avez-vous songé à combiner le fromage et la bière? À Joliette, l'alchimiste a collaboré avec la fromagerie *Du Champ à la Meule* pour créer cette recette. J'ai décidé d'utiliser ce produit et de le travailler légèrement pour vous offrir cette recette de fondue au fromage, qui a une base savoureuse. Avec ce caramel balsamique, les saveurs sont encore rehaussées.

« Mac'n Cheese »
& brocoli

Préparation : 20 min
Portions : 4
Temps de cuisson : 30 min

FROMAGERIE PIED-DE-VENT

2 t	pâtes alimentaires
1 t	brocoli coupé en mini bouquets
¼	oignon blanc haché
1 c. à soupe	huile d'olive
1 ½ t	sauce au *Pied-De-Vent* (page 136)
	sel et poivre
1 t	fromage mozarella râpé

ÉTAPES À SUIVRE

1 À feu vif, faire bouillir de l'eau salée dans un grand chaudron. Mettre les pâtes choisies et cuire pendant 10-12 min ou jusqu'à ce qu'elles soient tendres.

2 Égoutter les pâtes. Les laisser dans la passoire.

3 Dans la même casserole que les pâtes, faire revenir les bouquets de brocoli et les oignons dans l'huile d'olive.

4 Ajouter la sauce et laisser cuire 5 min.

5 Ajouter les pâtes et bien mélanger. Saler et poivrer. Rectifier l'assaisonnement au besoin.

6 Si vous voulez gratiner, mettre le mélange dans un plat allant au four. Garnir de fromage râpé et faire griller jusqu'à ce que ce soit bien gratiné.

Un met idéal pour vos enfants! Avec ce macaroni au fromage, il n'aura jamais été aussi facile de leur faire manger des légumes! La sauce polyvalente vous permettra de créer plusieurs plats différents.

Pennines crevettes, tomates & Le Canotier de l'Isle

Préparation : 20 min
Portions : 4 à 6
Temps de cuisson : 20 min

FROMAGERIE DE L'ILE-AUX-GRUES

3 t	pennines
4 tranches	bacon coupé en petits dés
1 c. à soupe	huile d'olive
3	tomates fraîches coupées en dés
2	gousses d'ail hachées
½	oignon haché
v ½ t	crème 10%
	sel et poivre
21-25	crevettes non cuites décortiquées
3 c. à soupe	basilic frais haché
3 c. à soupe	ciboulette fraîche coupée en tronçons
½ t	fromage *Le Canotier de l'Isle*

ÉTAPES À SUIVRE

1 Faire bouillir de l'eau salée dans un chaudron.

2 Faire cuire les pâtes pendant 10 à 12 min.

3 Égoutter et garder ½ t d'eau de cuisson.

4 Dans un poêlon à feu moyen, faire revenir le bacon.

5 Ajouter l'huile d'olive et faire revenir les tomates, l'ail et les oignons avec le bacon.

6 Laisser cuire 5 min, puis ajouter l'eau de cuisson et la crème.

7 Saler et poivrer.

8 Ajouter les crevettes et cuire 7 min. Ensuite, ajouter les pâtes et les herbes.

9 Mettre les pâtes dans un assiette, ajoutez-y du fromage au goût et servir.

Bon appétit !

Bien que savoureuse, cette recette est très simple. En effet, je voulais créer un plat de pâtes que vous pourriez concocter sans trop vous casser la tête. J'utilise des tomates fraîches, si savoureuses en été. En hiver, vous pouvez utiliser de la sauce commerciale, rosée ou aux tomates. Dans ce cas, vous n'aurez qu'à enlever les tomates de la recette.

La fromagerie de l'Île-aux-Grues produit des fromages exceptionnels. *Le Canotier de l'Isle* est un fromage à pâte ferme, idéal pour cuisiner. Amusez-vous à le marier à plusieurs saveurs : il est très versatile. À vous de le découvrir !

Pizza aux tomates, aux herbes
& aux Bouchées d'amour

Préparation : 15 min
Portions : 4 à 6
Temps de cuisson : 30 min

FROMAGERIE DU VIEUX SAINT FRANÇOIS

6	pains Naan
1 t	fromage *Bouchées d'amour*
1	échalote hachée
6	tomates italiennes coupées en dés
1 pincée	sel et poivre
1 c. à soupe	origan séché
1 c. à soupe	basilic séché
1 c. à soupe	persil séché

ÉTAPES À SUIVRE

1 Préchauffer le four à 400°F (200°C)

2 Couper les tomates en dés et les mettre dans un bol.

3 Saupoudrer les tomates de sel, de poivre, d'origan, de basilic et de persil. Laisser dégorger.

4 Préparer la sauce béchamel comme expliqué dans la section les indispensables.

5 Laissez tiédir et ajouter le fromage *Bouchées d'Amour* dans la béchamel.

6 Répartir les pains Naan sur des plaques et garnir de sauce béchamel. Ajouter les tomates au centre de la pizza. Poivrer au goût mais ne pas trop saler, puisque les tomates le sont déjà.

7 Enfourner pendant 15 min.

* Pour les amateurs de fromage, vous pouvez aussi en ajouter sur les tomates et faire gratiner.

Pour la plupart d'entre nous, l'association fromage-pizza se fait aisément. Quand j'ai découvert les *Bouchées d'amour*, ces petites boules de fromage nappées d'huile et d'herbes, j'ai tout de suite pensé à une pizza. Le pain Naan, qui est facile à manipuler et qu'on retrouve aisément dans les épiceries, est tout indiqué pour cette recette, qu'on dégustera une bouchée d'amour à la fois !

Poêlée de pommes de terre rattes & sauce au Pied-De-Vent

Préparation : 10 min
Portions : 4
Temps de cuisson : 20 min

FROMAGERIE DU PIED-DE-VENT

2 t	pommes de terre rattes
2 c. à soupe	beurre
2 c. à soupe	huile d'olive
½ t	courgette verte coupée en dés
½ t	oignon rouge haché
1	gousse d'ail hachée
2	oignons verts coupés finement
	sel et poivre
1 ½ t	sauce au *Pied-De-Vent* (page 136)
2 c. à soupe	tapenade d'olive
	persil
	ciboulette

ÉTAPES À SUIVRE

1 Dans un chaudron, faire bouillir de l'eau salée. Cuire les pommes de terre 10 min ou jusqu'à ce qu'elles soient tendres au centre.

2 Égoutter et reprendre le même chaudron. Faire chauffer l'huile d'olive et le beurre à feu vif.

3 Ajouter les pommes de terre, les courgettes et les oignons. Par la suite, ajouter l'ail et les oignons verts.

4 Saler et poivrer, puis goûter. Si nécessaire, rectifier l'assaisonnement.

5 À côté, faire chauffer la sauce au *Pied-De-Vent* et ajouter la tapenade d'olive.

6 Déposer les pommes de terre dans un plat de présentation et verser la sauce sur le dessus.

7 Décorer de persil ou de ciboulette.

Les plats d'accompagnement sont aussi difficiles à trouver que les plats principaux. Voici des pommes de terre bien épicées et gratinées avec la sauce au *Pied-De-Vent*. Cette recette sera la clé de votre succès pour un repas réussi!

Poulet farci au Cru des Érables
& aux épinards

Préparation : 25 min
Portions : 4
Temps de cuisson : 20 min

LES FROMAGES DE L'ÉRABLIÈRE

4	poitrine de poulet
½ t	épinards frais
1 c. à soupe	origan frais
½ t	fromage *Le Cru des Érables*
2 c. à soupe	beurre pour cuisson
	sel et poivre

ÉTAPES À SUIVRE

1 Sur une planche, déposer une poitrine de poulet et y faire trois incisions sur le côté.

2 Répéter sur les trois autres poitrines.

3 Farcir d'épinards, d'origan et du fromage préalablement coupé en tranches.

4 Saler et poivrer le dessus des poitrines de poulet.

5 Emballer soigneusement chaque poitrine de poulet dans une pellicule plastique, en serrant bien. Avec les bouts, faire des nœuds très près des poitrines.

6 Remplir un chaudron d'eau et porter à ébullition.

7 Déposer les poitrines de poulet dans l'eau et cuire 15 à 20 min.

8 Pendant ce temps, préparer une sauce brune du commerciale ou fait maison*.

9 Quand le poulet est cuit, le sortir de son emballage et le mettre à rôtir dans un poêlon avec un peu de beurre.

Servir dans la sauce.

* Sur la photo, j'ai utilisé de la sauce maison à base de fond brun que j'ai fait réduire et à laquelle j'ai ajouté des oignons hachés.

La cuisson sous vide est très en vogue dans les restaurants. Avec cette recette, j'ai voulu vous permettre d'expérimenter cette technique. Cuire les aliments sous vide permet d'optimiser toutes les saveurs puisque rien ne se perd dans l'eau ou dans l'huile. Cette méthode est très facile à utiliser lors d'un souper avec plusieurs personnes, car la recette peut être préparée en après-midi et cuite le soir. Si vos convives vous demandent comment vous avez procédé, eh bien ne dites pas tout… Gardez-vous un secret !

Une recette de **Dominic Jacques**

Risotto aux chanterelles du Québec
& Le Monnoir

Préparation : 15 min + 2 h
Portions : 4 à 6
Temps de cuisson : 20-25 min

FROMAGERIE AU GRÉ DES CHAMPS

CHAMPIGNONS SAUVAGES

2 c. à soupe	huile d'olive
2 t	champignons sauvages du Québec nettoyés et parés
1-2	bulbes d'ail des bois ou fleur d'ail émincée ou ail haché
¼ t	vin blanc sec
1 c. à soupe	beurre frais
2 c. à soupe	persil, ciboulette ou oignon vert
2 c. à soupe	oignon nouveau ou échalote française émincée finement
	sel et poivre

RISOTTO

½ t	huile d'olive extra-vierge
1	gros oignon ciselé
2	gousses d'ail
2 t	riz à risotto
1 t	vin blanc sec
8 t	bouillon de légumes (page 130) ou fumet de champignons chaud
3	branches de thym effeuillées
1-2	feuilles de laurier fraîches
	sel et poivre

PURÉE DE CHAMPIGNONS

½ t	parures de champignons
¼ t	oignon coupé grossièrement
1	gousse d'ail hachée
½ t	vin blanc
¼ t	crème ou mascarpone
1 c. à soupe	jus de citron
¼ t	parure de fromage fermier
1 t	fromage *Le Monnoir*
	sel, poivre du moulin sucre au goût

ÉTAPES À SUIVRE

CHAMPIGNONS SAUVAGES

1 Dans une grande poêle bien chaude, verser un filet d'huile d'olive au point de fumer, puis saisir les champignons à feu vif. Laisser dorer légèrement sans brûler. Remuer un peu et continuer de sauter pendant environ 2 min.

2 Ajouter l'ail et l'échalote, puis le sel et le poivre. Déglacer avec le vin blanc puis, hors du feu, monter avec la noix de beurre.

3 Ajouter les herbes, mettre dans un bol et réserver.

RISOTTO

1 Dans un rondeau, faire chauffer l'huile à feu moyen. Une fois chaude, faire suer l'oignon puis ajouter l'ail.

2 Ajouter le riz en remuant et nacrer pour que le grain devienne translucide.

3 Incorporer le vin blanc, baisser le feu et laisser boire le vin.

4 Une fois presque à sec, ajouter le bouillon de légumes, louche par louche et ce, jusqu'à la cuisson désirée (soit de 17 à 19 min, selon le riz et les goûts).

* Dans le cas où le risotto n'est pas dégusté dans les minutes qui suivent, seulement le précuire, c'est-à-dire le cuire au ¾ et le mettre sur une plaque à pâtisserie qu'on placera au frigo pour arrêter la cuisson.

PURÉE DE CHAMPIGNONS

1 Dans une casserole, cuire tous les ingrédients en même temps.

2 Une fois bien cuits, passer le tout au robot culinaire.

3 Lier le risotto à la purée de champignons sauvages.

MONTAGE

1 Ajouter une noix de beurre frais hors feu et lier le fromage *Le Monnoir*. Râper.

2 Dresser le risotto coulant.

3 Garnir de la poêlée de champignons sur le dessus en disposant harmonieusement.

4 Ajouter les copeaux de *Monnoir*.

Servir.

On pourrait simplement le cuire davantage et faire d'excellents arancinis coulants au fromage et aux champignons.

On aurait pu remplacer les champignons sauvages par d'autres produits frais du Québec, tels que de la courge musquée, des tomates de jardin, du poivron rouge, des courgettes, des asperges blanches ou vertes, de l'aubergine ou encore du maïs, par exemple.

Salade fraîche d'asperges, de tomates & vinaigrette au fromage

Préparation : 15 min
Portions : 4
Temps de cuisson : 10 min

FROMAGERIE DU CHAMP À LA MEULE

SALADE

10	asperges
2	tomates Cœur de bœuf
½ t	céleri coupé en fines tranches
½ t	haricots verts coupés en fines tranches
½ t	tomates coupées en petits cubes
1	échalote hachée

VINAIGRETTE

½ t	fondue au fromage *Du Champ à la Meule*
2 c. à soupe	moutarde de Dijon
1 c. à soupe	miel
2 c. à soupe	huile d'olive
	sel et poivre

ÉTAPES À SUIVRE

1 Dans un chaudron, faire chauffer la fondue au fromage *Du champ à la Meule* à feu doux avec la moutarde de Dijon et le miel.

2 À l'aide d'un fouet, mélanger énergiquement en ajoutant l'huile d'olive, le sel et le poivre.

3 Si la vinaigrette commence à faire des grumeaux, refaire chauffer légèrement et fouetter à nouveau jusqu'à ce qu'elle soit onctueuse.

4 Faire bouillir de l'eau salée pour les asperges. Une fois à ébullition, déposer les asperges pendant 5 min, les sortir et les plonger dans de l'eau glacée.

5 Pendant que les asperges refroidissent, couper les tomates Cœur de bœuf en tranches et les disposer en éventail dans une assiette.

6 Mélanger le céleri, les haricots, les tomates en cube et les échalotes. Déposer par-dessus les tomates aléatoirement, puis ajouter les asperges. Saler et poivrer l'ensemble.

7 Au moment de servir, garnir avec la fabuleuse vinaigrette.

Garnir de basilic, de romarin, de thym ou d'origan.

La fromagerie m'a lancé un défi magnifique : utiliser la fondue au fromage autrement qu'en fondue ! Je suis très fière de cette recette, que vous pourrez utiliser de différentes façons, par exemple en sauce pour un sandwich ou pour de la volaille. Régalez-vous !

Sandwich au fromage fondu
& pesto

Préparation : 15 min
Portions : 4-6
Temps de cuisson : 5 min

FROMAGERIE DU PRESBYTÈRE

8	tranches de pain
½ t	pesto (page 133)
2	tomates en tranches
4 tranches	fromage *Louis D'or*
2 c. à soupe	beurre ou margarine

ÉTAPES À SUIVRE

1 Préchauffer le four à 350°F (180°C).

2 Préparer les sandwichs en mettant un peu de pesto sur chaque tranche de pain. Déposer les tranches de tomates et le fromage *Louis D'or* préalablement coupé en tranches de 2 mm d'épaisseur.

3 Faire fondre le beurre dans un poêlon. Déposer les sandwichs et faire dorer.

4 Mettre au four pour que le fromage fonde, environ 10 min.

5 Sortir du four, couper en deux et servir avec une mayonnaise maison.

Déguster !

* Vous pouvez ajouter du *capicollo*, du jambon de Bayonne ou même différents fromages à pâte ferme.

Le sandwich au fromage fondu est une petite recette de base qui renaît avec le fromage *Louis D'or*. Je vous propose ici une jolie version agrémentée de pesto au basilic frais et de dinde fraîchement tranchée. On peut aussi le servir avec un chutney de poires, de la confiture de pommes ou même avec le chutney d'abricots issu de la recette du *Paillasson de l'isle d'Orléans* ! Ne négligez pas le simple régal que représente ce fromage sur un crouton ou sur du pain perdu...

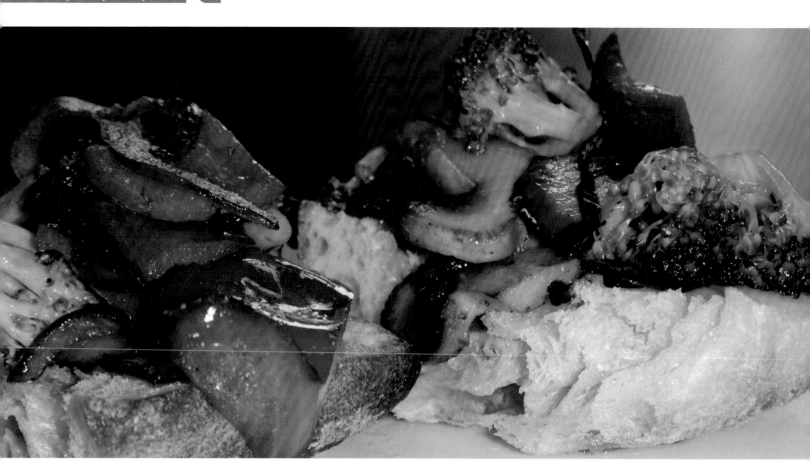

Sandwich aux légumes grillés & au Zacharie Cloutier

Préparation : 15 min
Portions : 4
Temps de cuisson : 10 min

FROMAGERIE NOUVELLE FRANCE

1	gousse d'ail
1 c. à thé	basilic frais
1 c. à thé	ciboulette fraîche
1 c. à thé	origan frais
2 c. à soupe	vinaigre de riz
½ t	huile d'olive
½ t	oignon rouge
1 casseau	tomates cerises
1	baguette de pain
1 t	fromage *Zacharie Cloutier*
½ t	olives noires
3 c. à soupe	oignon vert
¼ t	bacon émietté
2 c. à soupe	miel

ÉTAPES À SUIVRE

1 Préchauffer le four à 400°F (200°C).

2 Hacher l'ail et les herbes fraîches.

3 Mélanger avec le vinaigre et l'huile d'olive.

4 Trancher l'oignon rouge et mélanger dans la vinaigrette avec les tomates.

5 Faire griller au four durant 10 min sur une plaque à cuisson ou sur le barbecue jusqu'à ce que les légumes soient bien grillés.

6 Couper la baguette de pain en tranches d'une épaisseur de 2 cm.

7 Badigeonner d'huile et mettre au four (ou sur le barbecue) pendant 5 min.

8 Mettre des tranches de fromage Zacharie Cloutier sur le pain grillé et y déposer les légumes grillés.

9 Mettre par-dessus les olives, l'oignon vert, le bacon émietté et le miel.

Mettre au four pendant 5 min.

* Servir comme diner ou en apéro. Ce sandwich est véritablement un passe-partout!

Cette recette contribuera à préparer des dîners aussi sains que nutritifs. En effet, ce sandwich grillé au four est rempli de saveurs bien équilibrées entre le fromage très goûteux, les légumes grillés et un filet de miel. Osez!

Soupe repas style wontons farcis aux champignons & Les Métayères

Préparation : 20 min
Portions : 4
Temps de cuisson : 30 min

FROMAGERIE DU CHAMP À LA MEULE

WONTON			BOUILLON			GARNITURE	
2 c. à soupe	huile		2 t	champignons blancs		2	courgettes vertes en juliennes
1	gousse d'ail hachée		2	branches de céleri			
1	échalotes hachée		2	échalotes		1 t	pleurottes ou portobellos en juliennes
1 t	champignons blancs hachés		2	gousses d'ail			
				huile			
¼ t	Brandy, vin blanc ou cognac		4 t	eau		½ t	oignons verts tranchés
			½ t	sauce soya			
20	pâtes à wonton			sel et poivre			
½ t	fromage *Les Métayères* en petits cubes						
2 c. à soupe	lait						

90 | Gastronomie & fromage

ÉTAPES À SUIVRE

WONTONS

1 Faire chauffer l'huile dans un poêlon. Y faire revenir l'ail, l'échalote et les champignons.

2 Déglacer avec le Brandy ou l'alcool choisi, puis laisser réduire à sec. Refroidir.

3 Ouvrir le sachet de pâte à wontons et s'assurer de toujours le laisser couvert à l'aide d'un linge légèrement humide.

4 Étendre quatre à 5 wontons à la fois sur votre surface de travail. Mettre une cuillerée à thé de garniture de champignons ainsi que deux ou trois cubes de fromage sur chaque pâte.

5 Avec le lait, humecter les quatre côtés des wontons. Refermer en deux en prenant bien soin d'aligner ensemble chaque petit coin.

6 À l'aide d'un rouleau à pâte, abaisser la pâte en forme de carré si possible et d'une épaisseur de 2 mm.

BOUILLON

1 Couper en morceaux grossiers les champignons, le céleri, les échalotes et l'ail.

2 Dans un chaudron de taille moyenne, mettre un peu d'huile et faire revenir rapidement le céleri, les échalotes et l'ail.

3 Ajouter les champignons et verser l'eau froide au même moment.

4 Laisser bouillir environ 1 h, puis passer au tamis pour conserver seulement le bouillon.

5 Remettre dans un chaudron, puis ajouter la sauce soya. Goûter et rectifier l'assaisonnement avec du sel et du poivre au besoin.

6 Remplir un chaudron d'eau et faire bouillir.

7 Mettre les wontons dans l'eau pendant 5 min environ.

8 Sortir de l'eau et déposer au fond des bols choisis pour servir.

9 Ajouter la garniture (les courgettes, les pleurotes et les oignons verts) aux wontons.

10 Verser le bouillon bien chaud dans les bols et servir.

Qui n'aime pas la soupe? Celle-ci vous fera découvrir de nouveaux goûts et de nouvelles textures. Quand j'ai goûté au fromage *Les Métayères* pour la première fois, j'ai découvert des notes très forestières, qui m'ont donné envie d'y marier des champignons. Même si la préparation est légèrement technique, ce plat réconfortant en vaut la peine !

Tartiflette
& La Galette de la Table Ronde

Préparation : 20 min
Portions : 4 à 6
Temps de cuisson : 30 min

LES FROMAGIERS DE LA TABLE RONDE

2 c. à soupe	huile d'olive
½	gros oignon blanc haché
5	tranches de bacon coupées en cube
4	grosses pommes de terre pelées et coupées en tranches
1 t	vin blanc
3	branches de thym
2 t	crème 35%
1	fromage *La Galette de la Table Ronde*
	sel et poivre

ÉTAPES À SUIVRE

1 Préchauffer le four à 350°F (180°C).

2 Dans un poêlon, chauffer l'huile d'olive et y faire revenir les oignons, le bacon et les pommes de terre.

3 Déglacer au vin blanc et laisser réduire de moitié.

4 Ajouter le thym, le sel et le poivre, puis mettre la crème 35%.

5 Cuire environ 10 à 15 min ou jusqu'à ce que les pommes de terre soient semi cuites.

6 Mettre dans des ramequins allant au four.

7 Couper la galette en 2, puis trancher chaque moitié en 4 tranches.

8 Disposer 2 tranches de fromage sur les pommes de terre.

9 Cuire durant 30 min ou jusqu'à ce que les pommes de terre soient complètement cuites.

En France, la région de Savoie est reconnue pour sa traditionnelle tartiflette. Tout en concoctant cette recette avec autant d'authenticité que possible, je me suis permis un brin de rébellion en utilisant le fromage *La Galette de la Table Ronde*. Celle-ci m'a tout de suite inspirée : on la tranche en deux et on fait gratiner ! Facile à préparer et très abordable, ce plat réconfortant fera vite partie de votre menu, particulièrement après une belle journée de ski ou en famille.

Une recette de **Dominic Jacques**

Capellettis maison de veau fermier
& Le Gré des Champs

Préparation : 15 min + 2 h
Portions : 4 à 6
Temps de cuisson : 20-25 min

FROMAGERIE AU GRÉ DES CHAMPS

PÂTE

4 ½ t	farine tout usage
5	œufs
	sel

FARCE DE VEAU AU GRÉ DES CHAMPS

1 ¼ t	veau haché maigre	1	branche de thym
1 ¼ t	*Gré des Champs* râpé		ou feuille de
1/3 t	brunoise de panne		sauge fraîche
	de porc	1	branche de persil
2 c. à soupe	chapelure de pain		frais plat émincée
1	blanc d'œuf	2 c. à soupe	ciboulette fraîche
	zeste d'un demi-		émincée très finement
	citron		sel et poivre
1	pointe de cayenne		jaune d'oeuf
1	échalote		huile extra-vierge
2	gousses d'ail suées		
	à l'huile d'olive		
	puis refroidies		

PURÉE DE COURGE MUSQUÉE

1	courge musquée
1	gousse d'ail
	crème 35 %
	bouillon de légumes (page 130)
	beurre
	sel

VINAIGRETTE PACANE ET MIEL

¾ t	pacanes torréfiées
½ t	vinaigre de miel Huilerie Beaujolaise
½ t	miel d'Anicet biologique
¼ t	chorizo bio de Charlevoix émincé en demi-rondelles fines
1	échalote française ciselée très finement ciboulette, aneth et persil frais, émincés
1 t	huile végétale

ÉTAPES À SUIVRE

PÂTE

1 Passer les ingrédients au robot ou au mélangeur pour bien lier. Terminer à la main en pétrissant. La pâte est prête lorsqu'en boule, on enfonce légèrement le pouce et que la pâte reprend sa forme.

2 Abaisser en rectangle à la largeur du laminoir fariné, puis faire des bandes minces ou jusqu'à ce que l'on voit la main au travers.

3 Réserver en bandes détaillées et farinées. Préserver son humidité en déposant un linge légèrement humide par-dessus.

4 Porter une casserole d'eau salée à ébullition.

FARCE DE VEAU AU GRÉ DES CHAMPS

1 Mélanger tous les ingrédients, faire un test de saveur et rectifier l'assaisonnement. Réserver.

2 Pour la confection des *cappellettis*, former des boules égales d'environ 1 c. à soupe, les étaler une à une à 2 cm de distance sur une bande de pâte. Au pinceau, badigeonner un autre pâte de jaune d'œuf, puis la déposer par-dessus la première bande. Bien enlever l'air en exerçant une pression autour de chaque boule de *cappellettis*.

3 À l'aide d'un emporte-pièce, découper de grands ronds et leur donner ensuite la forme d'un *cappelletti* soit en ramenant chaque extrémité l'une sur l'autre et coller les pointes avec un point de jaune d'œuf.

4 Pour la cuisson, les plonger dans l'eau bouillante salée environ 4 min pour que la farce soit tout juste cuite et la pâte, *al dente*.

5 Les retirer de l'eau et les étendre sur une plaque, les huiler avec une bonne huile extra-vierge légèrement piquante. Réserver.

PURÉE DE COURGE MUSQUÉE

1 Préchauffer le four à 350°F (180°C). Tailler en 2 la courge sur la longueur, retirer les graines, frotter la courge avec une gousse d'ail et cuire sur une plaque à pâtisserie côté chair vers le bas environ 30 min.

2 Lorsqu'elle est cuite, vider la chair puis l'étendre sur une plaque à caisson. Mettre au four quelques minutes afin de l'assécher.

3 Malaxer au mélangeur à vitesse maximale en ajoutant au goût crème et bouillon de légumes, puis une noix de beurre. Assaisonner. La purée doit être lisse et très onctueuse. Réserver.

VINAIGRETTE PACANE ET MIEL

1 Mélanger pacanes, vinaigre de miel, miel d'anicet, chorizo, échalote française, quelque brins de ciboulette et l'huile végétale et réserver.

MONTAGE

1 Dans une grande assiette creuse, déposer une cuillerée de purée de courge et l'étendre pour former un rond. Déposer 3 à 5 cappellettis chauds sur la purée, puis garnir de vinaigrette pacanes et miel. Terminer avec des copeaux de *Gré des Champs* et de jolies pousses d'aneth et de persil plat.

2 Servir.

Avec le même appareil, nous aurions pu faire un excellent pain à la viande, des polpette à l'italienne, des bouchées à l'apéro ou encore des boulettes de veau au fromage dans un burger sur le BBQ.

LES DESSERTS

Barre au Blackburn, noix & fruits séchés

Préparation : 5 min
Portions : 15 barres
Temps de cuisson : 20-30 min

FROMAGERIE BLACKBURN

2/3 t	fromage *Le Blackburn* râpé grossièrement
1/8 t	raisins secs
1/8 t	canneberge séchées
¼ t	miel
1 ¼ t	noix non salées au choix (amandes, arachides, pistaches, noix de cajou et noix de coco)

ÉTAPES À SUIVRE

1 Mélanger tous les ingrédients et les déposer dans un moule à pain tapissé d'un papier à cuisson beurré.

2 Cuire à 350°F (180°C) jusqu'à ce que le dessus prenne une couleur dorée, soit 20-30 min.

3 Laisser tiédir et découper en barres. Il est préférable de garder les barres au réfrigérateur après une journée.

Avec son talent et son imagination extraordinaires, Suzie a créé cette recette, qui s'adresse à tous les sportifs dans l'âme. À la fois nourrissante, délectable et santé, cette barre granola vous donnera des protéines pour terminer votre entrainement, sans pour autant vous faire les poches !

Vous trouverez facilement ce fromage dans une épicerie à grande surface. Vous pouvez vous amuser à ajouter des flocons d'avoine ou des graines de sésame ainsi que des épices, comme de la cannelle ou de la muscade. Pour modifier davantage, vous pouvez ajouter des fruits séchés comme des abricots, des raisins de Corinthe ou des mangues.

Biscuits moelleux chocolat
& Le Frère chasseur

Préparation : 15 min
Portions : 24 biscuits
Temps de cuisson : 10-12 min

FROMAGERIE AU GRÉ DES CHAMPS

½ t	beurre ramolli
½ t	cassonade
¼ t	sucre
1	œuf
1 c. à thé	extrait de vanille
¾ t	farine tout usage
¼ c. à thé	bicarbonate de soude
1 pincée	de sel
1 ½ t	flocons d'avoine à cuisson rapide
½ t	noix de grenoble
½ t	pépites de chocolat mi-sucré
½ t	fromage *Le Frère chasseur* coupé en cubes

ÉTAPES À SUIVRE

1 Préchauffer le four à 325°F (165°C).

2 Dans un bol, mélanger la farine, le bicarbonate de soude et le sel. Réserver.

3 Dans un second bol, défaire en crème homogène le beurre, la cassonade et le sucre. Ajouter l'œuf et la vanille.

4 Ajouter le premier mélange au mélange de beurre.

5 Incorporer les flocons d'avoine, les pépites de chocolat, les noix et le fromage.

6 Sur une tôle à biscuits non graissée, déposer la pâte par cuillerées.

7 Enfourner 10 à 12 min. Faire reposer les biscuits 5 min.

Véritable délice, cette recette a été transmise de mère en fille. Je me suis permis de la trafiquer un peu en y ajoutant du fromage. Tout en alternant entre le sucré et le salé, ces biscuits constituent une véritable avalanche de protéines avec les flocons d'avoines, les noix et le fromage. Un truc pour que les biscuits soient encore plus jolis et moelleux : déposez la pâte dans un moule à muffin tapissé d'un petit papier. En cuisant, le biscuit développera une forme parfaite !

Né dans la fromagerie *Au Gré des Champs*, *Le Frère chasseur* est un fin fromage, parfait pour les connaisseurs. Avec sa pâte ferme, ce fromage se travaille à merveille au four ou dans une salade froide, en dessert ou en plat. Il s'agit d'un excellent fromage qui mérite de se faire connaître.

Crème brûlée au fromage & coulis de framboises

Préparation : 15 min
Portions : 4
Temps de cuisson : 60 min

FROMAGERIE DU PIED-DE-VENT

2 t	sauce au *Pied-De-Vent* (page 136)
1	gousse de vanille
ou	
1 c. à thé	d'essence de vanille
4	jaunes d'œufs
2 c. à soupe	sucre
¼ t	vinaigre balsamique

ÉTAPES À SUIVRE

1 Préchauffer le four à 250°F (120°C).

2 Faire chauffer la sauce au fromage et la vanille.

3 Dans un cul de poule, blanchir les jaunes d'œufs et le sucre.

4 Quand la sauce est chaude, verser sur les jaunes d'œuf en remuant pour ne pas que les jaunes coagulent.

5 Ajouter le vinaigre balsamique et verser dans de petits ramequins.

6 Cuire en bain-marie, ce qui veut dire déposer les petits ramequins dans un plus grand et mettre de l'eau dans le plus grand jusqu'à la hauteur du mélange.

7 Mettre au four pendant 60 min.

8 Avant de servir, déposer du coulis de framboises. Vous pouvez trouver une de mes recettes de coulis à la recette de pain perdu au yogourt et aux framboises, à la page 122.

Après vous avoir présenté une entrée et deux plats avec la sauce au *Pied-De-Vent*, voici un dessert. Vous vous sentirez peut-être incertain face à cette recette, mais le mariage et l'équilibre entre le sucre et l'amertume du fromage fait d'excellentes crèmes brulées.

Crêpe au Galarneau
& aux fraises fraîches

Préparation : 15 min
Portions : 4
Temps de cuisson : 10 min

CASSIS ET MÉLISSE

1 t	lait
2	œufs
1 t	farine de blé
2 c. à soupe	sucre
2	feuilles de basilic frais
2 c. à soupe	huile d'olive
2/3 t	fromage *Le Galarneau*
4	fraises en tranches
1 c. à soupe	margarine
2 c. à soupe	sirop d'érable

ÉTAPES À SUIVRE

1   Mélanger le lait et les œufs. Ajouter la farine ainsi que le sucre et fouetter pour que le mélange soit homogène.

2   Hacher le basilic et l'incorporer au mélange à crêpes.

3   Dans une poêle chaude, mettre 1 c. à soupe d'huile d'olive.

4   Mettre une louche de pâte à crêpe et cuire jusqu'à ce que les deux côtés soient dorés.

5   Garnir de Galarneau et faire gratiner au four.

6   Ajouter les fraises en tranches, un peu de margarine et le sirop d'érable.

Dégustez !

* Plusieurs alternatives sont possibles avec cette recette. Sur la photo, j'ai ajouté de la confiture de framboise de la recette du Pain perdu aux framboises (page 122). Bien que très nourrissant, ce fut un régal pour le déjeuner.

CASSIS ET MÉLISSE

FERME — FROMAGERIE — GÎTE

Impressionnant, ce fromage *Le Galarneau*! Excellent seul, tiède ou fondu, il est très agréable dans ce mélange estival de fraises et d'érable. Cette crêpe, très bourrative mais excellente, peut aussi bien être servie au déjeuner qu'au souper, comme dessert.

Une recette de **Dominic Jacques**

Crumble aux pommes, au fromage Pont-Blanc coulant & aux noix salées

Préparation : 15 min + 2 h
Portions : 4 à 6
Temps de cuisson : 20-25 min

FROMAGERIE AU GRÉ DES CHAMPS

	POMMES
1 c. à soupe	beurre
10	pommes à cuire, fraîches de l'île d'Orléans, pelées et taillées en fins quartiers
2 c. à soupe	vinaigre de cidre
½ t	cidre de glace Neige ou Sortilège

	CRUMBLE AUX NOIX
¾ t	mélange de noix
1 ¼ t	avoine en flocons
½ t	farine tout usage
½ t	sucre d'érable ou cassonade
1 c. à thé	4 épices
½ t	beurre salé
	sel
	fromage *Le Pont-Blanc* au goût

ÉTAPES À SUIVRE

POMMES

1 Dans une poêle, faire fondre le beurre. Lorsqu'il devient moussant, y faire colorer les pommes de chaque côté.

2 Déglacer avec le vinaigre et ajouter le cidre de glace. Laisser cuire tout juste les pommes, glacer et mettre sur une plaque. Réserver.

CRUMBLE AUX NOIX

1 Préchauffer le four à 350°F (180°C).

2 Mélanger tous les ingrédients (sauf le fromage) sans trop insister.

3 Étendre les pommes au fond de petites cassolettes et recouvrir de crumble. Cuire au four pendant 15 min ou jusqu'à ce que le crumble soit doré et croustillant.

4 Retirer du four. Laisser refroidir quelques minutes. Alors qu'il est encore tiède, étendre du fromage *Le Pont-Blanc* sur le dessus. Servir.

* Déguster avec un verre de cidre tranquille, par exemple le Dégel, ou encore avec un vin blanc sec et légèrement beurré.

Dessert créé par le merveilleux Dominic Jacques. Les deux services qui sont, à mon avis, les plus importants sont l'entrée et surtout, le dessert. Celui-ci ferme la marche et sera souvent celui dont vos invités se souviendront le plus. *Le Pont-Blanc* est un fromage coup de coeur pour ma part. Coulant, doux avec beaucoup de caractère, avec ce dessert, Dominic a su mettre en valeur un fromage exceptionnel.

Croustade de fraises, pommes & Le Riopelle

Préparation : 10 min
Portions : 6
Temps de cuisson : 40 min

FROMAGERIE DE L'ILE-AUX-GRUES

GARNITURE

2 t	fraises fraîches ou congelées
2	pommes
2 c. à soupe	sucre
½ t	fromage *Le Riopelle* coupé en tranches

CROUSTILLANT

2 t	gruau nature
½ t	cassonade
½ t	farine
2 c. à soupe	margarine ou beurre

ÉTAPES À SUIVRE

1   Préchauffer le four à 350°F (180°C).

2   Couper en 4 les fraises et couper en dés les pommes, sans le cœur.

3   Mettre dans un bol et mélanger avec le sucre.

4   Déposer dans un plat de cuisson et étendre les tranches de Riopelle sur le dessus.

5   Pour le croustillant, mélanger tous les ingrédients avec les mains et déposer par-dessus *le Riopelle*.

6   Mettre au four environ 30 min ou jusqu'à ce que le croustillant soit bien doré.

7   Laisser refroidir quelques minutes avant de servir.

Imaginez… c'est l'été et vous revenez de cueillir des fraises. Vous n'en avez pas tout à fait assez pour préparer des confitures, mais quand même trop pour les manger nature. La petite recette merveilleuse que je vous propose est tout indiquée! Pour la créer, je me suis inspirée d'un classique de la cuisine québécoise en l'adaptant pour mon livre. J'avais toujours cuisiné *Le Riopelle* avec des purées et pommes ou de poires, mais l'inclure dans cette croustade est une bien bonne idée! Succès garanti…

Le délicieux *Riopelle*, qui est bien connu dans le monde de la restauration, peut s'adapter à plusieurs recettes. En effet, plusieurs chefs l'utilisent. Vous vous régalerez de ce fromage crémeux et savoureux!

Doigts de Champlain sucrés & salés

Préparation : 20 min
Portions : 4
Temps de cuisson : 10 min

FROMAGERIE FX PICHET

DOIGTS DE CHAMPLAIN

8	biscuits au blé nature
4	cornets à crème glacée sucrés
1	œuf
1 t	lait
1 t	farine
1	fromage *Champlain* (petite meule de 250 g)

COMPOTE DE FRAISES

2 t	fraises fraîches ou congelées
1 ½ t	sucre
1 c. à soupe	beurre
	fromage *Champlain*

ÉTAPES À SUIVRE

1   Réduire les biscuits et les cornets en poudre pour la chapelure.

2   Dans un bol, battre les œufs avec le lait à la fourchette. Réserver.

3   Dans un second bol, déposer simplement la farine.

4   Couper le fromage en rectangles ou en triangles, selon votre envie.

5   Tremper chaque morceau une première fois dans la farine, ensuite dans les œufs puis dans la chapelure. Répéter l'opération une deuxième fois. Cela empêchera le fromage de percer la croûte à la cuisson.

6   Dans une petite casserole à feu moyen, faire compoter les fraises et le sucre.

7   Faire fondre le beurre dans un petit poêlon, à feu moyen. Y déposer les morceaux de fromage et les cuire jusqu'à ce qu'ils deviennent colorés. Une fois le poêlon bien chaud, réduire l'intensité pour éviter de brûler la chapelure.

8   Au moment de servir, mettre les doigts de fromage au fond d'une assiette et servir avec la compote de fraises.

Quand j'ai goûté au fromage *Champlain*, je me suis délectée. J'ai aussitôt songé à l'inclure dans une recette de doigts de fromage. Sa texture, crémeuse quand il est froid et coulante quand il est chaud, est vraiment appropriée ici. Et c'est sans compter la chapelure légèrement sucrée et salée… Véritablement exquis! Vous pouvez le servir comme dessert ou comme petites bouchées lors d'un cocktail dinatoire, par exemple.

Une recette de **Suzie Riopel**

Fondue sucrée à la Belle-Mère
& à la vanille

Préparation : 10 min
Portions : 4
Temps de cuisson : 5 min

FROMAGERIE MÉDARD

1/3 t	fromage *La Belle-Mère*
½ t	lait
1/3 t	crème 35 %
2 c. à thé	farine
4 c. à thé	sucre
½ c. à thé	extrait de vanille
ou	
¼	gousse de vanille
1 c. à thé	Brandy
1 trait	jus de citron

ÉTAPES À SUIVRE

1 Broyer tous les ingrédients au mixeur, sauf le Brandy et le jus de citron, jusqu'à consistance lisse.

2 Mettre le mélange dans un chaudron et porter à ébullition. Tenir l'ébullition 1 min pour bien cuire la farine et ainsi éviter que la sauce ait une texture et un goût sableux.

3 Hors du feu, ajouter le Brandy et le jus de citron. Servir chaud.

Lors de grandes occasions ou simplement pour un souper tranquille, remplacez votre fondue au chocolat par cette merveilleuse fondue au fromage sucrée, créée par Suzie.

Cette recette est simple à préparer puisqu'il est facile de trouver le fromage *La Belle-Mère* dans toutes les bonnes épiceries spécialisées. Sa texture douce et crémeuse m'a charmée, m'incitant à l'adopter dans mes recettes.

Gâteau new yorkais au chèvre & aux agrumes

Préparation : 25 min
Portions : 4
Temps de cuisson : 50 min

CASSIS ET MÉLISSE

1 ¼ t	chapelure sucrée
2 c. à soupe	beurre ou margarine
½ t	fromage de chèvre frais *Cassis et Mélisse*
¼ t	fromage à la crème
6 c. à soupe	sucre
2	œuf
1 c. à soupe	zeste de lime
1 c. à soupe	zeste de citron

ÉTAPES À SUIVRE

1 Préchauffer le four à 350°F (180°C).

2 Mélanger la chapelure et le beurre ensemble. Écraser au fond du moule choisi.

3 Mélanger les deux fromages avec le sucre jusqu'à ce que ce soit onctueux.

4 Ajouter les œufs et les zestes. Bien mélanger.

5 Déposer le mélange au fromage dans le moule, par-dessus la chapelure, et bien étendre.

6 Cuire pendant 45 à 50 min.

Servir avec glace à la vanille, coulis de bleuets ou de framboises, selon la saison.

CASSIS ET MÉLISSE
FERME — FROMAGERIE — GÎTE

Si vous aimez le réputé «Cheesecake new yorkais» ainsi que le fromage de chèvre, c'est à vous que cette recette est destinée. Cette idée m'est venue lors que j'ai goûté le fromage de chèvre frais que *Cassis et Mélisse* m'avaient fait parvenir. Avec des coûts bien raisonnables, cette recette vous donnera un beau gros gâteau riche en saveur. Accompagné d'une confiture de bleuets, de framboises ou de mûres, ce délice séduira tous ceux et celles qui y goûteront !

Gâteau aux carottes & au Baluchon

Préparation : 15 min
Portions : 12 muffins
Temps de cuisson : 30 min

FROMAGERIE FX PICHET

1	œuf
2 c. à soupe	sucre
2 c. à soupe	beurre
½ t	compote de pomme
¾ t	farine
1 c. à thé	poudre à pâte
1 c. à thé	bicarbonate de soude
½ t	fromage *Le Baluchon* en petits cubes
1 ½ t	carottes râpées
½ t	noix de Grenoble
1 pincée	sel

ÉTAPES À SUIVRE

1 Préchauffer le four à 350°F (180°C).

2 Dans un bol, mélanger l'œuf, le sucre et le beurre.

3 Ajouter le lait et la compote.

4 Incorporer les ingrédients secs et par la suite, ajouter le Baluchon, les carottes, le sel et les noix de Grenoble.

5 Verser la préparation dans des moules à muffins bien huilés.

6 Enfournez 20 à 30 min, selon la grosseur de vos muffins, ou jusqu'à ce qu'un cure-dent inséré au milieu en ressorte sec.

Qui n'a jamais mangé de gâteau aux carottes ? Cela vous rappelle bien des souvenirs, j'en suis certaine ! Cette recette est santé, nourrissante et savoureuse. Malgré leur allure « granola », ces petits gâteaux sont vraiment extraordinaires. Si vous ne dévoilez pas les ingrédients, je vous assure que les enfants en redemanderont !

Gratin de fruits, sabayon au champagne & Pied-De-Vent

Préparation : 20 min
Portions : 4
Temps de cuisson : 15 min

FROMAGERIE DU PIED-DE-VENT

4	jaunes d'œufs
¼ t	sirop d'érable
¼ t	champagne
¼ t	sauce au *Pied-De-Vent* (page 136)
2 t	fruits (fraises, framboises, bleuets, pêches, cerises, mûres)

ÉTAPES À SUIVRE

1 Préchauffer le four à 500°F (260°C).

2 Mélanger les jaunes d'œufs, le sirop d'érable et le champagne.

3 Mettre ce mélange dans la partie supérieure d'un bain-marie et fouetter énergiquement jusqu'à ce que le mélange épaississe.

4 Ajouter la sauce au *Pied-De-Vent* et bien mélanger.

5 Déposer les fruits dans des mini cocottes allant au four, environ jusqu'au ¾.

6 Remplir avec le sabayon et déposer dans le four sous le gril durant 10 min ou jusqu'à ce que le sabayon soit bien doré.

La dernière recette mais non la moindre avec la sauce au *Pied-De-Vent*. Le sabayon au *Pied-De-Vent* avec du champagne est un mariage exceptionnel entre différentes textures et saveurs. Les fruits frais feront exploser les saveurs du champagne et du fromage. N'hésitez pas à essayer différents fruits, ayez de l'originalité et de la créativité !

Pain perdu aux framboises
& yogourt de La Moutonnière

Temps préparation : 15 min
Portions : 4
Temps de cuisson : 30 min

FROMAGERIE LA MOUTONNIÈRE

CONFITURE DE FRAMBOISES

½ t	framboise congelées
½ t	sucre
2 c. à soupe	sirop d'érable
½ sachet	gélatine
2 c. à soupe	eau

YOGOURT

¼ t	crème à fouetter 35 %
1 c. à soupe	sirop d'érable
1	gousse de vanille
1 t	yogourt *La Moutonnière*

PAIN PERDU

½ t	lait
2	œufs
1	pincée de cannelle
1	pincée de muscade
8	tranches de pain de ménage
	beurre

ÉTAPES À SUIVRE

CONFITURE

1 Mettre dans une casserole les framboises, le sucre et le sirop d'érable. Faire réduire 10 min.

2 Pendant ce temps, faire gonfler la gélatine avec l'eau.

3 Mettre la gélatine avec les framboises et chauffer 5 min en fouettant énergiquement.

4 Bien refroidir.

YOGOURT

1 Fouetter la crème 35% avec le sirop d'érable et la vanille.

2 Ajouter le yogourt à la toute fin et mélanger à la cuillère de bois.

PAIN PERDU

1 Fouetter le lait, les œufs, la cannelle et la muscade.

2 Chauffer du beurre dans un poêlon, antiadhésif de préférence.

3 Tremper les tranches de pain dans le mélange, puis déposer dans le poêlon chaud.

4 Bien rôtir des deux côtés.

MONTAGE

1 Mettre les tranches de pain deux par deux.

2 Sur un côté, étendre 2 bonnes c. à soupe de yogourt.

3 De l'autre côté, étendre 2 bonnes c. à soupe de confiture de framboise.

4 Rassembler les deux tranches et garnir d'un peu de sirop et de 1 petite cuillère de yogourt.

Bien déjeuner, c'est partir la journée du bon pied. Je vous ai donc concocté une recette assez simple et pleine de saveur pour ensoleiller vos journées. Je vous présente le yogourt de type grec de la fromagerie *La Moutonnière*, fait avec du lait de brebis. Celui-ci nous donne naturellement la texture du fameux yogourt grec que nous retrouvons sur les tablettes. Goûteux et crémeux, il est assurément un de mes coups de cœur. À vous maintenant de le découvrir !

Panna cotta au Fou du Roy
& salade de cantaloup et basilic

Préparation : 20 min
Portions : 6
Temps de cuisson : 10 min

LES FROMAGIERS DE LA TABLE RONDE

PANNA COTTA

1 ½ t	lait
⅓ c. à thé	essence de vanille
3 c. à soupe	sucre
⅔ de t	fromage *Le Fou du Roy*
1	enveloppe de gélatine

SALADE DE CANTALOUP

1 t	cantaloup coupé en cubes
1 c. à soupe	basilic frais haché
1 c. à soupe	vinaigre de framboise

ÉTAPES À SUIVRE

1 Dans une casserole, faire chauffer à feu moyen le lait avec la vanille et le sucre.

2 Faire gonfler la gélatine dans ¼ t d'eau froide et ajouter au lait chaud pour la dissoudre.

3 Lorsque le mélange de lait est très chaud, l'enlever du feu.

4 Enlever la croûte sur le fromage et le couper grossièrement.

5 Faire fondre le fromage dans le lait chaud. **Attention : ne pas faire bouillir.**

6 Mettre la panna cotta dans un moule à pain préalablement tapissé d'une pellicule plastique.

7 Refroidir 2 h au réfrigérateur.

8 Pour la salade, mélanger tous les ingrédients et laisser macérer pendant 2 h.

9 Quand les 2 préparations sont prêtes, faire le montage et servir.

Je vous ai créé un dessert de type gastronomique, mais facile d'exécution. J'ai utilisé le fromage *Le Fou du Roy* des *Fromagers de la Table Ronde*, puisqu'il évoque des notes de beurre et de végétation. C'est en mangeant du cantaloup que l'idée m'est venue. Le goût sucré du cantaloup se marie très bien avec le côté beurre du fromage. J'ai présenté ce dessert à mes invités et le verdict a été unanime : génial !

Les *Fromagiers de la Table Ronde* fabriquent de magnifiques fromages. Goûteux et originaux, leurs produits remportent bien des éloges. Vous pourrez déguster quelques-uns de leurs fromages dans les recettes de ce livre.

Tiramisu au ricotta & café

Préparation : 15 min
Portions : 4
Réfrigération : 12 h

FROMAGERIE LA MOUTONNIÈRE

1 t	fromage ricotta *La Moutonnière*
½ t	crème 35 %
3	œufs
½	sachet de gélatine
ou	
½ feuille	de gélatine
¾ t	sucre à glacer
24	biscuits doigts de dames ou biscuits cuillères
1	jus de citron et le zeste
1 t	café expresso ou café très fort
¼ t	Coureur des bois (crème à l'érable alcoolisée)

ÉTAPES À SUIVRE

1 Prendre ¼ t de crème et mélanger avec la ricotta jusqu'à ce que ce soit lisse et crémeux.

2 Ajouter le sucre à glacer dans ce mélange, ainsi que les œufs. Fouetter énergiquement.

3 Dans un peu d'eau froide, faire gonfler la gélatine et la diluer dans 1 c. à thé de café.

4 Fouetter le reste de la crème et ajouter le café avec la gélatine. Incorporer à la spatule de bois dans le premier mélange.

5 Dans un bol, mélanger le reste du café et l'alcool.

6 Remplir un grand plat en verre ou des coupes individuelles, en alternant une couche de crème et ricotta avec une couche de biscuits trempés dans le café avec l'alcool.

7 Finir par la crème et ajouter une couche de framboises fraîches.

8 Mettre au réfrigérateur pendant 3 h.

9 Saupoudrer de cacao et servir.

* Vous pouvez remplacer les framboises par des bleuets ou tout autre fruit de votre choix.

** L'alcool choisi peut être aussi différent, par exemple Amarula, Bailey's ou de la Crème de cacao.

Pour tous ceux et celles qui sont fanatiques du tiramisu, ce magnifique dessert italien, voici une recette légèrement différente apprêtée avec la ricotta de la fromagerie *La Moutonnière*. C'est un excellent dessert à servir, autant lors de soirées spéciales que bien ordinaires… en regardant un bon film, par exemple !

LES INDISPENSABLES

Dans cette partie, vous trouverez des recettes indispensables à la préparation de plusieurs plats présentés dans ce livre ainsi que des clins d'oeil vous offrant des alternatives intéressantes.

Bouillon de légumes

Portion : 4 tasses

16 t	eau
1	gros oignon
1	grosse carotte
2	branches de céleri
1	tête de vert de poireau
1	tête d'ail
	branche de persil frais
	thym
	poivre du moulin
1	feuille de laurier

ÉTAPES À SUIVRE

1 Émincer finement tous les légumes, ajouter de l'eau, porter à ébullition et laisser frémir 30 min. Fermer le feu et laisser infuser une autre ½ h. Passer au chinois étamine et récupérer le bouillon.

2 On pourrait se servir des légumes restant dans la confection d'une soupe ou d'un potage.

3 Pour un fumet de champignons, idéalement avoir des champignons sauvages déshydratés ou encore des shiitakes. On peut aussi prendre des parures et pieds de champignons, puis les ajouter au départ à notre bouillon de légumes.

Fond brun ou bouillon de bœuf

Préparation : 25 min
Portion : 4 tasses
Temps de cuisson : 5 h

3 lbs	os de bœuf (dos)
1	carotte, pelée et coupée en tronçons
1	branche de céleri coupé en tronçons
1	oignon, coupé en quartiers
1 c. à soupe	pâte de tomates
1	gousse d'ail
1	feuille de laurier
	quelques tiges de persil frais
1 c. à thé	poivre en grains
6 t	eau
½ t	vin rouge

ÉTAPES À SUIVRE

1 Sur une plaque allant au four, faire rôtir les os à 400°F (200°C), pendant 1 h.

2 À mi-cuisson, ajouter les carottes, le céleri, les oignons et la pâte de tomates.

3 Dans une grande casserole, déposer les os et les légumes. Verser le vin dans la plaque et gratter pour bien nettoyer ou enlever les sucs.

4 Verser le tout dans la casserole et ajouter l'ail, le laurier, le persil, le poivre et l'eau. Bouillir durant 4 h.

5 Filtrer le tout. Ce bouillon peut être gardé jusqu'à trois jours au réfrigérateur. Il peut aussi être congelé.

Mayonnaise maison

Portion : 1 tasse

1	œuf
1 c. à thé	moutarde de Dijon
1 c. à thé	vinaigre ou jus de citron
1 t	huile de canola
	sel et poivre

ÉTAPES À SUIVRE

1 Dans un bol, mélanger l'œuf avec la moutarde et le vinaigre.

2 Ajouter l'huile petit à petit et mélanger jusqu'à ce que l'émulsion se fasse.

3 Ajouter sel et poivre au goût.

Une mayonnaise maison a plusieurs utilités, qu'on l'utilise dans une trempette avec des légumes ou en tant que sauce pour des burgers. C'est une belle base pour la cuisine.

Pesto

Portion : 4 tasses

2 t	basilic frais
2 c. à soupe	noix de pin
2	gousses d'ail coupées en deux
¼ t	parmesan
¼ t	huile d'olive
	sel et poivre au goût

ÉTAPES À SUIVRE

1 Laver les feuilles de basilic à l'eau froide, éponger et réserver.

2 Faire griller les noix de pin dans un petit poêlon à feu moyen, à sec, sans beurre et sans huile. Réserver.

3 Dans un robot culinaire, déposer les noix de pin, l'ail et le basilic. Réduire en purée.

4 Ajouter l'huile d'olive dans le robot culinaire. Saler et poivrer.

5 Goûter, puis rectifier l'assaisonnement au besoin.

Sauce béchamel

Portion : 4 tasses

6 c. à soupe	farine
6 c. à soupe	margarine
4 t	lait
1 c. à thé	muscade

ÉTAPES À SUIVRE

1 Faire chauffer le lait.

2 Faire fondre le beurre et ajouter la farine. Cuire pendant 5 min.

3 Mettre la moitié du lait et bien mélanger. Ajouter le reste du lait et fouetter énergiquement.

4 Ajouter le sel, le poivre et la muscade.

Cette sauce vous accompagnera beaucoup dans ce livre. Vous pouvez y ajouter du pesto, du fromage, de la sauce tomate ou des légumes sautés.

Sauce crème au vin blanc

Portion : 4 tasses

6 t	échalotes hachées
1	gousse d'ail hachée
2	branches de thym
½ t	vin blanc
6 t	crème 35%
	sel et poivre
	huile d'olive pour la cuisson

ÉTAPES À SUIVRE

1 Dans un petit chaudron, faire revenir les échalotes et l'ail dans l'huile d'olive.

2 Déglacer avec le vin blanc et réduire de moitié, puis ajouter les branches de thym.

3 À feu doux, ajouter la crème et laisser réduire pour que ça vous donne 4 t

4 Passer dans un tamis ou une passoire à petits trous.

Cette sauce peut vous servir pour une base de sauce à pâtes ou pour des viandes, des poissons ou des fruits de mer.

Sauce au Pied-De-Vent

Portion : 1 ½ tasse

1 ½ t	lait
¼	meule de *Pied-De-Vent* sans la croûte, coupé en dés
1 c. à thé	farine
1 c. à thé	sirop d'érable
¼	lime, le jus

ÉTAPES À SUIVRE

1 Faire chauffer le lait dans une petite casserole. Attention de ne pas le faire bouillir.

2 Dans un bol à part, mélanger le *Pied-De-Vent* et la farine.

3 À l'aide d'un fouet, mélanger énergiquement le lait chaud et le fromage fariné. Passer dans un tamis fin pour éliminer les grumeaux.

4 Ajouter l'assaisonnement.

Avec cette recette, on peut souhaiter la bienvenue aux alternatives! Je vous en propose quelques-unes. Cette sauce peut très bien être servie au petit déjeuner avec un œuf poché ou en accompagnement. Elle peut servir de sauce pour un macaroni au fromage ou pour un poisson aussi goûteux que le saumon. On peut même l'utiliser pour un dessert, par exemple avec une crème brûlée ou dans un gratin de fruits à base de sabayon au vin blanc. Il est important de noter que toutes les recettes proposées pour aller avec cette sauce contiennent elles aussi des alternatives. Enfin, n'oubliez pas que cette sauce peut être apprêtée avec presque tous les fromages de chèvre ainsi que les fromages bleus. Faites des essais. C'est ainsi qu'on découvre!

Sauce tomate

Préparation : 15 min
Portion : 4 tasses
Temps de cuisson : 40 min

2 c. à soupe	huile d'olive
½ t	oignon haché
2	gousses d'ail hachées
½	boîte de conserve de tomates en dés
	herbes fraîches ou sèches au goût
½ c. à thé	piment broyé
	sel et poivre au goût

ÉTAPES À SUIVRE

1 Chauffer l'huile d'olive dans un chaudron à feu vif.

2 Mettre les oignons et l'ail à suer. Ajouter les tomates et cuire quelques minutes.

3 Ajouter les herbes, le piment, le sel et le poivre, et laisser mijoter à feu doux pendant 30 min.

4 Passer au robot pour que la sauce épaississe.

5 Ajouter de la pâte de tomates au besoin si la sauce n'est pas assez épaisse.

Dans ce livre, cette recette servira de base pour la sauce à spaghetti ainsi que pour la sauce à pâtes.

REMERCIEMENTS

De prime abord, j'aimerais remercier mes éditeurs, Pierre Saint-Martin et Amélie P. Bédard, pour leur encouragement et leur soutien. Ils ont su me mettre en confiance tout au long du processus d'écriture.

Je ne peux oublier ma famille et mon copain, soit Odette, Jean, Evelyne, Hugo, Antoine et Adam. Je les remercie de m'encourager dans mes projets. Je leur dois vraiment tout. En effet, chaque fois que l'un ou l'autre ouvrait la porte de leur réfrigérateur, ils devaient sentir les magnifiques odeurs mélangées des fromages du Québec… Un moment fort à chaque fois!

À tous les goûteurs qui m'ont donné leur avis sur chaque recette, que ce soit positif ou négatif, je dis merci! Étant trop nombreux, je ne peux vous nommer tous, mais sachez que je vous suis reconnaissante.

Merci aux entreprises pour lesquelles j'ai travaillé au courant des cinq dernières années. Vous m'avez appris beaucoup de choses que j'ai pu mettre à l'épreuve pendant l'écriture de cet ouvrage. Tout fut bien positif. Merci!

Je m'en voudrais d'oublier qui que ce soit, donc merci à tout le monde, à mes amis et amies, à tous ceux et celles qui ont participé à l'élaboration de ce livre de quelque façon que ce soit. Merci!

REMERCIEMENTS
DES FROMAGERS

Il serait difficile de vous remercier un par un, puisque vous avez été vingt fromageries exception-
nelles à répondre aux invitations que je vous ai lancées. Vous avez eu une belle confiance envers
moi et je vous en remercie. Sans vous, ce livre n'existerait pas. Merci de la générosité dont vous
avez fait preuve, semaine après semaine. J'ai finalement goûté à 47 fromages différents qui venaient
des quatre coins du Québec. Merci à vous de m'avoir permis de faire d'aussi belles découvertes.

En effet, deux semaines après le début des recherches pour le livre, je recevais déjà des fromages et
je commençais à écrire et à créer jour après jour. Ce fut un honneur pour moi de pouvoir partager,
imaginer et cuisiner des mets avec des fromages d'une telle qualité.

Je ne peux oublier une entreprise qui m'a beaucoup aidée au fil de mes recherches. Il s'agit de
la distribution Plaisir Gourmet, qui fut un contact extrêmement précieux durant mon processus
d'écriture. Ils sont les représentants de plusieurs fromageries du Québec, certaines qui sont très
connues et d'autres qui le sont moins. Merci d'avoir établi des contacts entre plusieurs dizaines de
fromageries et moi. Sans vous, les recherches auraient été bien plus longues, de même que l'écriture. Merci beaucoup à vous !

ADRESSES DES FROMAGERIES

Le Fromage au Village
(page 38)
45, rue Notre-Dame Ouest
Lorrainville
819 625-2255

La fromagerie Les Folies Bergères
(page 33)
955, Route 317
Saint-Sixte
819 983-4010
www.lafromagerielesfoliesbergeres.ca

Les Fromages de l'Érablière
(page 78)
1580, rue Eugène-Trinquier Est
Mont-Laurier
819 623-9084

Les Fromagiers de la Table Ronde
(page 56, 62, 92, 124)
317, boul. Sainte-Sophie
Sainte-Sophie
450 530-2436
www.Fromagersdelatableronde.com

Fromagerie du Vieux St-François
(page 74)
4740, boul. des Mille-Îles
Laval
450 666-6810
www.fromagerieduvieuxstfrancois.com

Fromagerie La Suisse Normande
(page 26,44)
985, rang Rivière Nord (Route 339)
Saint-Roch-de-l'Achigan Ouest
450 588-6503
www.lasuissenormande.com

Fromagerie Du Champ à la Meule
(page 22,68, 84, 90)
3601, rue Principale
Notre-Dame-de-Lourdes
450 753-9217
www.champalameule.com

Fromagerie F.X. Pichet
(page 112, 118)
400, boul. de Lanaudière
Sainte-Anne-de-la-Pérade
418 325-3536
www.fromageriefxpichet.com

Les Fromages de l'isle d'Orléans
(page 42)
4696, chemin Royal
Sainte-Famille, Île d'Orléans
418 829-0177
www.fromagesdeliledorleans.com

Fromagerie Blackburn
(page 20, 24, 100)
4353, chemin Saint-Benoît
Jonquière
418 547-4153
www.fromagerieblackburn.com

Fromagerie Médard
(page 114)
10, chemin De Quen
Saint-Gédéon
418 345-2407
www.fromageriemedard.com

Fromagerie Au Gré des Champs
(page 30, 82, 96, 102, 108)
400, rang Saint-Édouard
Saint-Jean-sur-Richelieu
450 346-8732
www.augredeschamps.com

Fromagerie La Station
(page 36)
430, chemin de Hatley
Compton
819 835-5301
www.fromagerielastation.com

Fromagerie Nouvelle France
(page 88)
305, rue Principale
Racine
819 578-7234
www.fromagerienouvellefrance.com

Fromagerie du Presbytère
(page 46, 58, 86)
222, rue Principale
Sainte-Élizabeth-de-Warwick
819 358-6555
www.fromageriedupresbytere.com

Fromagerie La Moutonnière
(page 52, 122, 126)
3456, rue Principale
Sainte-Hélène-de-Chester
819 382-2300
www.lamoutonniere.com

Cassis et Mélisse
(page 18, 50, 66, 106, 116)
212, rang de la Pointe-Lévis
Saint-Damien-de-Buckland
418 789-3137
www.fromagechevre.ca

Fromagerie de l'Île-aux-Grues
(page 54, 72, 110)
210, chemin du Roi
Isle-aux-Grues
418 248-5842
www.fromagesileauxgrues.com

Fromagerie du Pied-De-Vent
(page 40, 48, 64, 70, 76, 104, 120, 136)
149, chemin Pointe-Basse
Havre-aux-Maisons
418 969-9292

TABLEAU DE CONVERSIONS

MESURE SOLIDE	
1 lbs	454 g
¾ lbs	340 g
½ lbs	227g
¼ lbs	115 g

MESURE LIQUIDE	
1 c. à soupe	15 ml
½ c. à soupe	8 ml
¼ c. à soupe	4 ml
1 c. à thé	5 ml
½ c. à thé	3 ml
¼ c. à thé	1 ml
1 tasse	250 ml
¾ tasse	190 ml
⅔ tasse	170 ml
½ tasse	125 ml
⅓ tasse	85 ml
¼ tasse	65 ml
⅛ tasse	35 ml

MESURE DE CHALEUR	
200°F	100°C
250°F	120°C
300°F	150°C
350°F	180°C
400°F	200°C
450°F	230°C
500°F	260°C

Notre patrimoine…
Une beauté à admirer,
Un héritage à sauvegarder !